世界がさばく東京裁判

85人の外国人識者が語る連合国批判

Tokyo Trial as judged by intellectuals

佐藤 和男［監修］

序　東京裁判を裁判せよ

初代国際連合大使　加瀬　俊一

かねてから私は「東京裁判を裁判せよ」と主張し、歴代首相にもその必要を説いた。裁判は二年半にわたり四二三回も開廷し、鳴物入りで日本を糾弾したが、要するに、勝者の敗者に対する一方的断罪であった。日本の立場を完全に無視しており、パル・インド判事の名言を借りれば、「歴史の偽造」なのである。それに、「法律なければ犯罪なし」の原則に反する。しかも、わが国民は戦勝国の世論操作によって洗脳され、いまだに裁判の真相を理解していない。これを是正せぬ限りわが民族の精神的独立は回復しがたい。

それだけに、『世界がさばく東京裁判』が刊行されるのは極めて意義深い。十四ヶ国の高名な識者八十五人が連合国の戦争責任を追及し、東京裁判を批判している。そのなかには私の知友もいる。東京裁判は裁判官も検察官も戦勝国代表で構成しているのであって、その点で公正を欠くのだが、日ソ中立条約に違反して満州に侵攻し、虐殺略奪をほしいままにしたソ連には明らかに日本を裁く資格は皆無である。また、六十六都市を無差別爆撃して四十万の非戦闘員を殺戮《さつりく》したうえ、日本が終戦を模索《もさく》していることを知りながら、原爆を投下したのは、天人ともに許さざる重大な国際法違反である。さらに加えれば、日本弁護団が用意した却下・未提出資料は全八巻にも及ぶ。歴史の真実を記録公表する意味は大きい。戦勝国によって言論の自由を奪われた日本の場合は特にそうだから、私は関係各位の愛国的奉仕に深く感謝している。同じ意味で、私はこの度の佐藤和男教授の不朽の御盡力に対して国民とともに感謝し深甚な敬意を表しつつ、

　日本国民みずからの手で主体的再審を行って、日本民族にとり歴史の真実とは何であったのかを、先人ならびに児孫のために明らかにしようではありませんか

という最終の一節に無限の共感を抱く次第である。国民必読の好著の出現を慶祝して

平成八年（一九九六年）六月

再刊に至る経緯

日本会議事務総局

世界十四カ国の有識者たちの「東京裁判」批判を紹介した本書の発刊は、平成八年のことである。当時は新聞・雑誌で取り上げられ版を重ねたが、その後、残念ながら絶版となった。ところが近年、小泉首相の靖国神社参拝によって「A級戦犯」や「東京裁判」への関心が俄に高まり、再刊の要望も多数寄せられたため、急ぎ復刻の運びとなった次第である。

なお、本書を最初に企画した「終戦五十周年国民委員会（会長・加瀬俊一初代国連大使）」の事業は、その後「日本を守る国民会議」に引き継がれたが、同会は平成九年に「日本会議」（会長・三好達元最高裁長官）として再編成され現在に至っている。日本会議は「誇りある日本の再建」を合言葉に全国に支部をもつ民間の国民運動ネットワークである。ご関心のある方はご連絡を頂ければ幸いである（連絡先は奥付）。

本書が、東京裁判に批判的な世界の有識者たちとの交流を進め、国際的なスケールで歴史観の是正を図っていくための一助となれば望外の喜びである。

平成十七年（二〇〇五年）八月十五日

目次

レーリンク判事の〈東京裁判〉への総括的批判
――はしがきに代えて――

青山学院大学名誉教授・法学博士
佐藤　和男

■東京裁判史観の克服のために

戦後、日本社会に巣くってその骨髄をむしばみ、健全な国民精神を頽廃させてやまないもの、いわゆる東京裁判史観を凌《しの》ぐものはないであろう。昭和の初期から二十年（一九四五年）に至るまでの日本の対外軍事行動を、ことごとく「侵略」の一語をもって否認し去ろうとする戦勝連合国側の史観は、昭和二十一年〜二十三年に占領軍によって強行された極東国際軍事裁判所によるわが国の戦時指導者の裁判（東京裁判と通称されるもの）によって、敗戦によって意気消沈する日本国民の前に、鳴物入りで喧伝された。国際法に準拠して裁くと豪語して占領軍が実施した東京裁判は、しかし、実際には実定国際法に違反していた軍事行動に過ぎず、本質的に連合国の政治的措置であった。国際法に疎《うと》い日本国民は、あたかもそれが厳正な司法裁判であるかのごとく錯覚し、爾来、多くの者が祖国の歴史を誇りをもって顧みることを忘れ、甚だしきは国家を呪詛するに至った。大東亜戦争の干戈を収めてよりすでに五十一年、東京裁判の開廷よりも半世紀の時間を閲した現在、身をもってかの戦争を戦い抜いた世代の数は急速に減少しつつあり、今にして東京裁判史観なる民族の一大病弊を根絶せしめない限り、日本の前途は暗澹たるものとなろう。ここに、このたび終戦五十周年国民委員会の企画により、本書が刊行されるゆえんがある。本書は、全世界の多数の識者による鋭利な東京裁判批判を紹介することにより、東京裁判なるものがいかに国際法上の根拠を欠いた不法なるものであったか、さらに戦勝国の奢りによる偽善的かつ恣意的な政治的措置であったかを、読者に十分に納得していただけるように、企画されている。

■注目すべき文献『東京裁判とそれ以後』

東京裁判を法的ないし政治的観点から批判する書物や文献はその数少しとしないが、特に重要と思われる国際法の視点からの批判を行った最近の研究書に、一九九三年にイギリスで出版された『東京裁判とそれ以後』(B.V.A.Röling and Antonio Cassese, *The Tokyo Trial and Beyond*, Polity Press, Cambridge) が挙げられる。

本書は、二人の著名な国際法学者の共著のかたちをとっている。著者の一人は、東京裁判にオランダ代表判事として参加され、その後フローニンゲン大学で刑法および国際法の講座を担当されたベルト・レーリンク (Bert〔Bernard〕Victor Aloysius Röling) 博士であり、他の一人はイタリアのフィレンツェ大学の国際法担当教授 (大学研究所教授を兼任) であり、現在旧ユーゴスラビア戦争犯罪国際法廷 (オランダ・ハーグ) の裁判長の職にあるアントニオ・カッセーゼ博士である。

かねてからニュルンベルク裁判や東京裁判という国際軍事裁判や戦時国際法一般に深い学問的関心を寄せていたカッセーゼ教授は、幸いにも一九七七年の秋に約二カ月にわたって直接にレーリンク教授にインタビューを行う機会に恵まれ、東京裁判にかかわる法的諸問題についてさまざまな角度から質問をして、レーリンク元東京裁判判事から詳細な回答を引き出すことに成功した。

カッセーゼ教授は、その時の録音テープを起こして浄書した原稿をレーリンク教授に送って校閲と必要な加筆を依頼し、こうして完成を見た原稿を一九七九年十一月頃に出版する意向であったが、貴下の関連見解をも記述されたいとのレーリンク教授の希望に対して、多忙に妨げられ延引していたところ、レーリンク博士は一九八五年に急逝され、カッセーゼ教授は意を決して、レーリンク元判事への質疑と応答を内容とする最初の原稿に、自己の簡単な序論を付して、一九九三年に刊行することに踏み切り、こうして出来たのが本書である。一九九四年にはペーパーバック版も出版されている。

東京裁判の判事在任中より、若干の重要な点について東京裁判への疑問と批判を公にされていたレーリンク教授は、本書の中でさらに一段と明確に、かつ広範に、批判的見解を展開されていることが認められる。とりわけ判事退任後のアジア・日本史の学習と国際法学の専門的研究の結果として、日本が戦争に赴いた理由・動機について深い理解を示されるに至っている点が、印象的である。今回の出版物の監修者である筆者があえて「はしがき」に代えて、右の書物に表明されたレーリンク博士の「東京裁判への総括的批判」の骨子を紹介するのも、元判事たるこの国際法学者の見解の発展を重要視するからに他ならない。

■東京裁判当時のレーリンク判事の反対意見

昭和二十三年十一月に東京裁判の最終的な判決（いわゆる多数派判決）が下されて、日本の歴史的行動が断罪された時に、三人の判事が個別反対意見（individual dissenting opinion）を表明して、この裁判に対する非常に厳しい批判を繰り広げた。まず、日本で最もよく知られているインド代表判事のパール（Radha Binod Pal）博士は、日本の戦争行動を犯罪と断定した多数派判決をまっこうから否認して、重大戦争犯罪人（いわゆるA級戦犯）として訴追された被告全員の無罪放免を主張し、次に、フランス代表のベルナール（Henri Bernard）判事は、東京裁判の審理過程の全般について検討した結果、手続き面で非常に多くの不備が見いだされると指摘し、このような不完全な手続きをしている裁判は有効なものとは認めがたいと批判した。第三の反対意見は、レーリンク判事により示されたものである。

レーリンク判事が提出した反対意見書は、長文であって、その内容は、序論、法に関する考察（裁判管轄権、平和に対する罪、不作為の責任）、事実に関する考察、被告各個人への判定の四部分に分かれており、日本文で二八〇ページの分量に達していた。以下に、この反対意見の要点を略記する。

レーリンク判事の反対意見はまず、連合国最高司令官（マッカーサー）の命令により作成された極東国際軍事裁判所条例の合法性を審査する権限を同法廷が持つべきことを明らかにして、同法廷が右条例により拘束されるというがごとき考え方は、将来に対し危険なだけでなく、現在においても正しくないと力説している。そして、こういう審査権の行使の結果として、本法廷の裁判管轄権が、犯罪に関する管轄でも人に関する管轄でも、ポツダム宣言により限定されていて、「今次の戦争」、すなわち連合国のいう太平洋戦争（日本が決定した正式な名称は大東亜戦争）のみに制限されていることを主張し、例えば張鼓峰事件やノモンハン事件などは管轄外であるとしている。しかし、実際には、レーリンク判事のこの主張は東京裁判では認められなかった。

次に、レーリンク判事は、東京裁判が日本を断罪するための最重要な法的根拠とした「侵攻戦争（war of aggression）の遂行は国際法上の犯罪——東京裁判でいう〝平和に対する罪〟——とされている」という観念の当否について綿密に吟味し、一九二八年の不戦条約においても侵攻戦争は犯罪とされておらず、概述すれば、第二次世界大戦当時、侵攻戦争は国際法上の犯罪でしかも戦時指導者の個人責任を追及しうるごときものでは決してなかったことを明らかにし、いわゆる平和に対する罪のみによっては被告に死刑を科してはならないと主張した。

　不戦条約の解釈に関するレーリンク判事の究明は徹底したものであり、関連する博引旁証はまことに目ざましい。判事はいう、「日本を含む六十三カ国の名において調印されたパリ条約（不戦条約）が実際に侵攻戦争が悪質な犯罪となるというような変化をもたらしたかは、疑問である。本条約自体は単に一つの制裁を規定しているのみである。すなわち、本条約に違反して戦争を行う国家は、〝本条約ノ供与スル利益ヲ拒否セラル〟（前文）という制裁である。侵攻戦争は犯罪であり個人責任を伴うという帰結については、本条約を解釈した人々は——第二次世界大戦前には——ほとんど何もいっていない」。レーリンク判事が引用しているあまたの権威ある見解のうちから、ハンス・ケルゼン教授の短い言葉のみを紹介しておきたい。「ブリアン・ケロッグ条約（不戦条約）が完全に失敗したことは、法的に未解決でかつ解決不能な紛争の可能性を除去せずに戦争を違法化することが無益なことを、明瞭に示している」（ケルゼン著『法による平和』、一九四四年、三三一ページ）。こうして、判事は、「平和に対する罪」なるものが、一九四五年八月八日のロンドン協定（ニュルンベルク軍事裁判のための条例を米・英・仏・ソの四カ国が定めた）以前には、真の犯罪と見なされておらず、一九四三年末以前には、そう考えられていなかったと結論する。

　しかし、レーリンク判事は、核兵器出現後の世界平和維持の重要性を考慮し、立法政策論的な理由やその他の事情に基づいて、「平和に対する罪」の存在を容認する結果に立ち至っているが、これについては後述する。

　さらに、レーリンク判事は、通例の戦争犯罪（交戦法規違反）にかかわる「不作為」の責任について、これを厳格に解釈することの重要性について強調している。そして、官吏がみずから命令または許可しなかったある行為について、彼に刑事責任を負わせるためには、①それらの行為を彼が知っていたか、知っているべきであったこと、②それらの行為を防止する権力を彼が持っていたこと、③それらの行為を防止する義務を彼が持っていたこと、の三条件が満たされることが必要であると指摘し、「戦地で行なわれ、または捕虜もしくは一般人抑留者に対して行なわれた残虐行為について、全閣僚に責任があると推定するのは行き過ぎている」と述べている。いわゆる南京事件（その捏造《ねつぞう》性が近年明らかに実証されつつある）に関連して有罪とされた廣田弘毅被告について、不作為責任に関する現行法の一般的原則（きわめて限定された意味でその責任を認めようとするもの）を適用して、レーリンク判事は無罪を主張している。

■レーリンク博士の経歴

レーリンク博士は、一九〇六年十二月二十六日に、オランダ南部の都市スヘルトヘンボスで生誕された。若くしてナイメーヘン、マールブルク、ユトレヒトの諸大学で法律を学び、一九三三年に刑法学上の主題に関する研究によりユトレヒト大学から博士の学位を授与され、同年からユトレヒト大学講師となって刑罰学・刑罰法の講義を担当した。第二次世界大戦が勃発してオランダはドイツ軍の占領下に置かれたが、ユトレヒトで刑事担当判事の職にあったレーリンク博士は、ドイツ占領軍の影響力が比較的稀薄なミッデルブルクの判事に転任し、一九四一年から一九四五年までを過した（一九四五年～一九四八年には、ユトレヒトの裁判所の判事の身分を兼ねた）。ユトレヒト大学での講義は、とりわけオランダ領東インド諸島（インドネシア）の刑事法に関するものが学界で高く評価された。一九四五年、三十九歳のレーリンク博士はオランダ政府により、東京に新設される極東国際軍事裁判所の同国代表判事に任命されたが、これは東南アジアのオランダ植民地の刑事法に関する学殖によるものと考えられている。一九四八年まで東京裁判の判事を勤めた博士は、既述のごとき個別反対意見を発表することによって、世界的な注目を浴びることになったが、帰国後一九四九年にフローニンゲン大学の教授に任命され、刑法・刑事訴訟法・犯罪学の講義を担当した。東京裁判における経験を踏まえて、レーリンク博士の学問的関心は次第に国際法学へ向けられることになり、一九六〇年には名著と謳われる『拡大された世界における国際法』（*International Law in an Expanded World.*）を公刊して、国際法学者としての声価を高め、一九六三年にはフローニンゲン大学の国際法担当教授となった。この間博士は、戦争犯罪にかかわる事件を扱ったオランダ破毀院特別法廷の判事をも勤めている。さらに、一九五〇年から一九五七年まで、博士は国際連合のオランダ代表団の一員として特に総会第六委員会で活動したが、一九五八年にイリアン（西ギニア）への独立承認の問題をめぐるオランダ外務省との意見の対立から、外交活動から退くことになった。その後レーリンク博士は「平和研究」（peace research）に多大の情熱を注ぎ、一九六四年～一九七一年には国際平和研究協会（International Peace Research Association）の事務局長を勤め、スウェーデン政府の要請によりストックホルム国際平和研究所（SIPRI）の創設を助け、さらにオランダ平和問題研究所（Nederlands Instituut voor Vredesvraagstukken, NIVV）の諮問委員会議長を勤めた。一九七二年以降にも、大学で国際法と戦争原因論の講義を担当された。世界的に権威のある国際法学会（Institut de Droit

International）の準会員（membre-associé）にも選ばれている。

■レーリンク博士の学問の特徴

レーリンク博士の学問を貫いている基本的理念については、先に紹介した書物の中でカッセーゼ教授が三つの特徴を挙げて説明しているので、その要点を以下に示したい。

その第一は、国際社会――国際法団体といったほうが判りやすい――の歴史の研究を、基礎としていることである。レーリンク博士は右の歴史を三主要時期に区分するが、第一期は一六四八年のウエストファリア条約で始まり、一八五六年のオスマン・トルコの国際法団体への加入で終わるが、「キリスト教諸国」が国際法団体を構成し、かつ支配していた段階である。第二期は、従来かなり同質的であった国際法団体の構成が、別種（宗教・文化）の諸国（支那や日本を含む）の新規参入によって攪乱されることになる「文明諸国」が構成主体となる段階であって、関係諸国はいずれも工業経済と軍備を高度に発達させているが、この段階は一九四五年に終わる。第三期は、国際連合憲章の発効をもって始まる「平和愛好諸国」の段階であり、ここでは国際法団体の主要目標は、「国際平和の維持」以外のものではありえない。十八世紀末期から十九世紀初頭にかけて、諸国「政府」が各国の安全を守る〝夜警者〟から〝社会福祉の組織者〟へと変換したのと同様に、国際社会は、諸国家の形式的な平等を認めた上で、強国による武力行使を正当としていた国際法団体から、法が各国の行動範囲を定めるのみでなく、低開発諸国の発展を促進し、さらに諸国間の協力を増進する国際法団体へと変貌しつつあると、レーリンク博士は指摘する。

第二の特徴として挙げられるのは、博士の数多くの著述が第一の特徴と密接に関連していることである。戦争は今や世界人類の終末的破局をもたらす恐れがあるので、全人類にとって平和維持に努力することは喫緊の要務であり、国際社会はその固有の相互依存性を直視しなければならない。法学者は現行法に甘んじて、〝居心地の良さを楽しむ実定法主義者〟にとどまってはならず、想像力を駆使して、政治家や外交官が国際社会のしかるべき変換をもたらす新しい制度や法規を創出するよう助力すべきである、とレーリンク博士は主張する。「核時代の自然法」の定式化の必要を説く博士は、フーゴー・グロティウスの生誕四百年の記念式典において、「国際社会の新しいメンバー諸国のために新しい法を制定する」ことこそが、現在に生きるグロティウスのメッセージであると語った。

第三の特徴は、法学者が社会改革の促進に助力する場合に、自身の専門分野を越えて、他の諸学問分野の方法や発想を借用して、国際問題の複雑な現実の解明と改革策の提示に役立てねばならないとするレーリンク博士の考えである。そして博士は、増大する核戦争の脅威にかんがみ、「戦争原因研究」ないし「平和研究」が最も有用な学問であると認めて、自身その分野の研究と関連する社会活動に精力を傾注した。

以上に見た三つの特徴を念頭に置きつつ、レーリンク博士が一九六〇年に公にされた著書『拡大された世界における国際法』に関するカッセーゼ教授の評言を次に見ることにする。

《この書物はきわめて重要な意義に富む著作である。これによって初めて人類の世界社会とその歴史が〝進歩的〟観点から眺められることになった。レーリンクは、国際社会の構造と法規を、その構築者である西洋諸国の支配者としての高みから考究しようとはしない。そうする代わりに、彼は、自身の必要とするものや志望が脇に押しやられてしまった諸国、つまり貧困な諸民族、あるいはレーリンクの好んだ表現でいえば、「持たざる国」・「敗残者」の側に立った。

この新しい出発は、国際秩序が恵まれない諸国家や諸民族にとって「生き甲斐のある」ものとなるために必要な変革について、レーリンクに推測させることになった。要するに、本書は、著者の情熱的なイデオロギー上のコミットメントと厳密な学問的分析に支えられた、独創的な国際社会像を提示しているし、概して、国際的舞台にごく最近登場した新しい諸国に平等な重要性を付与するための青写真を提供している。本書は、国際法の転換点を画し、国際関係の主要な法的・政治的諸問題の新しい見方の先駆を成している。それも、無批判的ないし似非《えせ》中立的な姿勢からの見方ではなくて、恵まれない諸国の陣営に正々堂々と立脚しての見方である。》

《本書は現在もなお有効であるが、それは、本書の全体的影響力、西欧中心の見解を乗り越えようとする決意、他の諸国はアジア・アフリカ諸国の解放を無視することはできず、また無視してはならない――無視すれば危険な分裂・抗争がもたらされよう――との基本的想定によるものである。他の諸国は、従来のメンバーが享有していたものと同じように快適な便益を〝新参者たち〟に提供できるよう、国際社会の構造と制度の修正に配慮しなければならない。》

以上から理解されるように、東京裁判を境にして専門的研究分野を刑法学から国際法学に変更したレーリンク博士は、第二次世界大戦を契機として実現を見たアジア・アフリカ諸国の解放という歴史的事実の重要な意義に着目して、それに関連して、日本の遂行した大東亜戦争が世界史の中で果たした積極的な役割を非常に重視するに至るのである。カッセーゼ教授は「東京〔裁判〕において、レーリンクは、アジア人の観点から国際法を見ることを学んで、彼の気持を変えた」と述べているが、この事実は、東京裁判以後におけるレーリンク博士の国際法観ならびに歴史観の展開に深甚な影響をもたらしたことが認められる。

■東京裁判とレーリンク博士

レーリンク博士は、連合国最高司令官（占領軍総司令官）マッカーサーの命令により実施されることになった東京裁判に、連合国を代表する十一人の判事の一人として参加した。当初は、昭和二十年九月二日に東京湾頭のミズーリ艦上で降伏文書（本質的には休戦協定）に調印した九カ国を代表する九人の判事が任命され、博士もその一人であったが、後から新たに独立したフィリピンとインドを代表する二人の判事が追加された。

レーリンク博士の東京裁判観は、判事として在任中のそれと、裁判終了後に国際法の研究を重ねてからのそれとが微妙に異なっていることが、同判事の個別反対意見書と『東京裁判とそれ以後』の中の博士の言葉とを読み較べてみると、よく判る。驚くべきことに、右の書物の冒頭の部分で、レーリンク博士は次のように述べている。「自分が（東京裁判の判事に）任命されたのは、偶然なことだった。私がユトレヒトで裁判官をしていて、同時にインドネシアの刑法の特任教授であったことが、そうなった理由だ。私がアジアと多少関係しているというので、極東でこの任務に就くのが良かろうと勧められた。私は国際法学者ではなかった。その当時、私は国際法については何も知らなかった（At that time, I didn't know anything about international law.）。」レーリンク博士のこの言葉が驚嘆に値するのは、東京裁判が現行国際法に準拠して裁くという建前を明らかにしていて——判決の中でも、マッカーサーの命令で作成された極東国際軍事裁判所条例という東京裁判の基本法は、当時存在した国際法を表示したものと述べられている——いやしくもその判事たる者は一定水準以上の国際法の知識を有すべきことが当然と考えられていたからである。しかし、実際には、東京裁判の判事に指名された十一人のうち、国際法の知識はおろか法律学一般の素養さえも十分ではないと危惧される者が少なくなかった。厳密な意味で法律学者といえるのは、おそらくレーリンク博士とインド代表判事たるパール博士の二人だけであったろう。そして、裁判に不可欠な国際法の知識は、カルカッタ大学副総長の要職を去って赴任したパール判事によってのみ十分に具備されていた。もちろん、大学で刑法の講義を担当していたレーリンク博士は、その学歴からも推察されるように法律学の全般にわたって豊かな知識を持っていて、国際法についても一通りの素養を備えていたものと想像されるのだが、その博士自身が謙虚に「私は国際法については何も知らなかった」と明言されたことは、国際法学が決して安易な学問領域ではないことを示すとともに、レーリンク博士の人間としての良心と学者としての誠実を明らかにしている。

レーリンク博士は前述の書物の中で、ある興味深いエピソードについて述べているが、東京裁判に対する博士の心情の一端が洩らされているように思われるので、次に紹介する。

レーリンク判事は日本に在任中、GⅡ（占領軍総司令部・参謀第二部）の長であったウィロビー将軍と、テニス仲間として親交を結んだが、任務終了して帰国に先だち別れの挨拶のためウィロビーを訪ねたが、その時ウィロビーは「この裁判（東京裁判）は、有史このかた最悪の偽善であった」（This trial was the worst hypocrisy in recorded history.）と語り、さらに、この種の裁判が行われる以上、自分の息子には軍務に就くことを許さないと述べた。ウィロビーがいわんとしたのは、日本が開戦直前に置かれたような状況にもしアメリカが置かれたなら、アメリカとても日本と同様に戦争を遂行したであろうし、その結果敗戦したら重要な責任ある地位にあった軍人が戦争犯罪人として裁かれるというのは、許しがたいということであった。

これに関連して、レーリンク博士はウィロビーの言葉を正しいと認めて、一九七三年の石油危機の際の実例を挙げ、アラブ諸国側がアメリカへの石油供給の打ち切りをもって強迫した時に、アメリカは軍事力行使の威嚇によってこれに対応し、国防長官シュレジンジャーが一九七四年一月の演説の中で「石油供給の安全を確保することは軍部の責任であるから、石油供給を守るため軍事力が行使されるリスクが存在する」と述べた事実に触れている。そして博士は、開戦前の日本への連合国側による石油輸出禁止措置に言及し、日本にはその石油事情からして二つの選択肢しかなかったこと、すなわち、戦争を回避し、自国の石油ストックが底をついて、自国の運命を他国の手に委ねるか、あるいは、戦争に打って出るかの二者択一を迫られていたことを指摘し、その結果遂に日本は開戦に踏み切ったのだが、ウィロビーが語ったのは「自国の死活的利益がこのようなかたちで脅かされる場合には、どの国でも戦うだろう」――日本が戦ったのは自存自衛のためだったことを含蓄する言葉――ということだったと結んでいる。大東亜戦争に突入した日本のやむを得ざる事情について、レーリンク博士が正確に理解していたことが、これによってもよく知られる。

東京裁判におけるレーリンク判事の基本的態度を理解するためには、カッセーゼ教授の以下のような説明が有益と思われる。

《レーリンクは、彼の反対意見の中で、多数派の同僚たち――彼らは日本人の行動に西洋の基準を適用し、勝利者の目を通じて日本人の犯罪を眺めた――からも、インド代表判事パール――彼は純然たるアジア人の観点から日本人の行動を見て、良かれ悪しかれそのすべてをおしなべて正当化する傾向があった――からも、自己を隔てる勇気を持っていた。その一方で、レーリンクは、連合国に対する日本の戦争の背後にある理由について、深い洞察を試みた。彼の心情は西洋の衣服を脱ぎ捨てて日本の衣装をまとい、よりよく日本人の動機と目的とを理解することができた。レーリンクが何年も前に到達していた結論は、日本人は〝アジアをアジア人のものに取り戻そう〟と、すなわちアジア全体を西洋の植民地主義者から解放しようと、決意していたというものであった。》

レーリンク判事がその個別反対意見の中で、多数派の判事と見解を異にしたもう一つの重要な問題点――第二次世界大戦中に作られた新しい国際法規の適用の可否をめぐるもの――について、カッセーゼ教授は次のように要約している。

《レーリンクは、このような法規、とりわけ侵攻戦争の禁止という法規に違反した責任が日本国民にあるとはいえないと考えていた。判事の多数は、右の禁止の法規が日本人被告――通例の戦争犯罪（一般住民の殺害、捕虜の虐待、等々）について有罪であると同様に、右の法規を無視したことで有罪と認められていた――に正当に適用できるものと確信していた。レーリンクは、侵攻の禁止について独創的でかつ賢明な解釈を行うことによって、自身の議論を支えた。彼は、侵攻戦争は一九三九年の戦争開始の以前に禁止されてはいたものの、国際犯罪（それをおかした個人や機関の個別責任を伴う犯罪）とは考えられてはいなかったと述べている。戦争（第二次世界大戦）の初めの三年間には、連合国は、枢軸諸国がおかしている犯罪のゆえに受けるべき応報について度々発している警告の中で、侵攻を犯罪と呼んだことはなかった。一九四三年十一月六日のスターリンの演説の後に初めて連合国は、侵攻国に対して、侵攻戦争に対する応報について脅かし始めた。》《もしも侵攻が、第二次世界大戦の開始時における国際法上の特定の犯罪として処罰されることがなければ、いかにしてこの事実は、極東国際軍事裁判所条例に含まれている〝平和に対する罪〟の審理と処罰に関する規則と、調和させることができるだろうか。レーリンクは、この明白な矛盾を、実際的な知恵と巧みに調律された法律感覚とをもって、克服した。まず初めに、レーリンクは、罪刑法定主義は国際法では厳格な規則ではなくて、むしろ〝立法政策上の格言〟、〝政治的英知の表現〟であり、そのため諸国によって無視されうる――ここまでのレーリンクの議論は、ニュルンベルク国際軍事裁判所のそれと異なっていない――と認めた。こうしてレーリンクは主たる障害を上手に回避した上で、裁判所条例にいう〝平和に対する罪〟なる概念は、特別の意味に解釈されなければならないと論じた。国際法では、犯罪概念は、真に犯罪的性質を有する行為（通例の戦争犯罪のごときもの）と、国内法上の〝政治的犯罪〟になぞらえたほうがいっそう適切な行為（この場合の決定的要因は、そのような行為の固有の不道徳性よりはむしろ社会的危険性である）との両方を含んでいるので、後者の種類の犯罪を行った者は、犯罪人というよりは〝敵〟と考えられるべきである。したがって、その者の処罰は、〝司法的応報〟というよりは〝政治的措置〟の性質を持つべきである。戦勝諸国は、理性と法を擁護する立場をとった戦争に勝ち抜き、平和を維持する任務を授けられたのであって、新しい秩序にとって危険性を持つような個人を処分する〝権利〟を持つのであって、そのような個人が有罪と認められれば、合法的にその者を逮捕し、かつ処罰することができるのである。》

《右のように二種類の犯罪を区別することの実際上の結果は、〝平和に対する罪〟で有罪と認められた者は、死刑の判決を受けることがあってはならず、（その者が通例の戦争犯罪をもおかしていない限りは）有期の禁固刑にのみ処せられるべきであるというものだった。このようにして、レーリンクは、法の尊重と、侵攻戦争の煽動者の処罰という差し迫った政治的必要とを、折り合わせることに成功した。その上、彼は、平和に対する罪だけをおかしたドイツ人や日本人には死刑を科さないことへの重要な理論的正当化を提示したのである。ニュルンベルクと東京の両国際軍事裁判所はこの条件を強調し、尊重しさえもしたものの、有無をいわさぬ論拠によってそれを支持することはしなかったので、右の点はきわめて重要である。実際のところ、両軍事法廷の議論には少なからぬ矛盾が含まれていた。》

レーリンク博士は第二次世界大戦が開始された時点では〝侵攻戦争〟の遂行が国際法上の犯罪（東京裁判でいう「平和に対する罪」）ではなかったことを明確に認めながらも、戦勝連合国の政治的要請に応えるかたちで、カッセーゼ教授が適切に要約したような理論構成によって、結局は「平和に対する罪」の存在を認め、特定の被告についてはその刑事責任を肯定することになった。「平和に対する罪」の存在に何らの疑問をも提示しなかった——パール判事を除く——他の多くの判事に較べて、政治的現実と法理的真実とのはざまで法律学者として苦闘されたレーリンク博士の姿は、たとえ打ち出された理論構成が批判を容れる余地を残すものであったとしても、尊敬に値するものといえよう。確かに、例えば国際法上における罪刑法定主義の位置づけに関しては、レーリンク博士とは異なる見解も有力なかたちで存在しうる。国際司法裁判所規程第三十八条第一項(c)の規定によって「文明国が認めた法の一般原則」も（少なくとも裁判準則としての）国際法と認められるのであり、「法無ケレバ罪無ク、法無ケレバ罰無シ」の罪刑法定主義は、文明諸国の国内法で共通に認められる一般原則と見なすことが可能である。

もっとも、レーリンク博士は、国際社会が「平和に対する罪」を認めるためには、大きな前提条件が必要とされることを理解していた。そのことは、博士の以下の言葉からも明らかである。

《難しいのは、武力行使の禁止と平和に対する罪とを受け容れた場合に、世界の他の多くの事柄が変えられなければならないということだ。つまり、平和に対する罪を認めることは一歩前進ではあるが、もろもろの他のものを必然的に伴わねばならないのだ。武力行使による変革が禁止されたら、平和的変革の仕組が用意されなければならない。しかも、平和的変革は、主権を持つ諸国家から構成される世界では、達成することが最も困難なものの一つなのだ。特権的な地位にある国家は、実力行使によって強制されない限り、自国の利益を放棄しようとはしないものだ。》

《国際連合の組織には安全保障理事会と総会があるが、必要な平和的変革を実現できる制度は実際には存在しない。しかし、植民地制度の廃止とか人権の〔普遍的〕承認とかの根本的な変革がすでに生起している。だから、私は、今なお世界は平和に対する罪という概念にみずからを適応させなければならないと考えている。〔一九七七年秋の時点で〕第二次世界大戦の後、およそ三十の国際戦争と百を越える内戦が行われている。このように、武力行使の禁止にもかかわらず、沢山の戦いがあったのだ。しかも、一九四五年このかた、平和に対する罪への訴追は一度も行われていない！　それは、法的観点からすれば、いささか混乱した状況だ。法律家は、法は論理ではないことを知っている。だが、今や、法秩序の中の緊張状態は劇的なものになっている。》

《侵攻戦争の犯罪性についていえば、侵攻の罪〔平和に対する罪〕が敗戦国にだけ適用されたことは、明らかだ。しかし、検察官は、自身が目下適用している法は、現在は裁判官の席にいる諸国をも拘束するものであることを、公然と語っている。ところで、その法は、爾後の展開にどの程度の強い影響を与えただろうか。それは、一九四五年以降におよそ三十の戦争が起きるのを阻止できなかった。》

《だが、こういう侵攻概念の主たる価値は、それが諸国民の文化の構成部分になったという事実にあると、私は考えている。諸国民は、戦争が国策の手段であった時代は終わったと確信するに至った。》

レーリンク博士の以上の言葉から、博士が東京裁判での「平和に対する罪」の容認に托して戦後〈核時代〉の世界平和維持に寄せた期待、そして裏切られた失望、しかし、また新たなる希望ないし願望、を知ることができよう。

■国際法における戦争

ここで、国際法では戦争は伝統的にどのように扱われてきたかを、第二次世界大戦までの時代について概観し、東京裁判（ならびにそれに先だつニュルンベルク裁判）が以後の国際法の展開に及ぼした影響――レーリンク博士は、「平和に対する罪」という概念によって、戦争が〔合法的な〕国策の手段であった時代が終わったと見て、積極的な影響を認めようとしている――を一考することとしたい。

国際法（慣習法および条約）では、戦争は諸世紀を通じて合法的制度とされてきたが、日本国民のうち特に戦後教育を受けた世代は「戦争はすべて悪」としか考えない傾向が強く、世界の通念に背反している。第二次大戦後といえども戦争が合法的に遂行される場合があることは、一九九一年の湾岸戦争を挙げるだけで理解されよう。

近世以降、諸民族国家が併存する国際社会で、各国家は基本的に自国民の安寧と福祉を求めて内外諸政策を実施してきたが、他の国家と利害関係が衝突して、平和的手段では紛争を解決できない場合に、戦争という最後の手段に訴えてきたのであり、国際法も戦争をその規律対象の中に包容してきた。

往昔、騎士や紳士の相互間で、男の名誉や意地のために決闘（duel, private duel）が行われたが、人格的に平等の立場にあって闘う両者については、いずれが悪いとは断定しがたいものがあったが、国際法は国家間の戦争をそのような決闘になぞらえて、軍隊と軍隊との間で行われる戦争そのものは合法と認めてきた。一般に決闘の法理――警察の法理とは対照的な意味における――といわれるものである。そして、国家は慣習国際法上、重要な権利の一つとして戦争権を持つものと認められ、戦争権は開戦権と交戦権のかたちにおいて具体的に行使された。現行日本国憲法第九条第一項にいう「国権の発動たる戦争」（英文では war as a sovereign right of the nation――直訳すれば、〝国家の主権的権利としての戦争〟――）とは、主権国家が国際法上有する権利の行使としての戦争を意味していて、国家の戦争権──第九条第二項にいう交戦権とは区別される──を含蓄している。もっとも、国際法では、国家は戦争遂行に際して「交戦法規」（戦争法規、国際人道法と呼ばれるものもある）を遵守しなければならない。戦争は、譬えてみればルール付きのゲームに似た面がある。

交戦法規の具体的内容は多岐にわたるが、最も重要な代表的なものとして、①一般住民（市民、民間人）ないし非戦闘員を攻撃・殺傷してはならない（戦うべきはあくまでも軍隊と軍隊とである）、②軍事目標とされるもの以外の民間物や非防守都市を攻撃・破壊してはならない、③不必要な苦痛を与える残虐な兵器を使用してはならない、④捕虜を虐待してはならず、原則的に食物・衣料・寝所につき自国将兵と対等な扱いをしなければならない、などが挙げられる。

日清・日露の両役で日本軍が国際法学者を法律顧問として従軍させてまで交戦法規を厳守した徹底ぶりには、全世界が賞讃を惜しまなかった。しかし、大東亜戦争中に連合国側がこういう交戦法規の重大な侵犯を行った事例は、枚挙にいとまがない。例えば、日本国内の多数の都市への無差別──軍事目標と民間物とを区別しない──爆撃、広島・長崎への原子爆弾の投下、民間人・非戦闘員への暴行（特に満洲での日本人婦女子に対するソ連軍の暴虐は言語に絶するものがある）、捕虜（戦犯容疑者を含む）の虐待、等々である。

ちなみに、交戦法規に違反する行為が、国際法上で伝統的に認められてきた戦争犯罪（war crimes）であって、違反者は戦争中に敵側に捕えられれば軍事裁判にかけられて処罰される（第二次大戦後には、自国の軍事法廷でも裁かれる傾向が強くなった）。もちろん、交戦法規に違反して、民間人の服装でテロ行為をするいわゆる便衣兵は、捕虜の待遇を与えられることなく、処断される。また、武器を捨てても自軍に加わる意志を持って逃走する敵兵は、投降したとは認められないので、攻撃することができる。

連合国の軍事法廷によって(法的)休戦後に裁かれたいわゆるB・C級戦争犯罪人とは、B級は交戦法規違反行為を命令した者を、C級は直接に手を下して実行した者を指すが、両者は通常一括して「通例の戦争犯罪」に対する責任を追及された。もっとも、B・C級戦犯とされた日本軍の将兵には、無実の罪でありながら、実際には復讐の対象とされた者が多かった。山下奉文大将、本間雅晴中将などに対する連合軍の軍事裁判は、悪名高き実例であり、現在世界的な非難を浴びるに至っている。

第二次大戦中に連合国側は、「総力戦」(total war) 概念を濫用して、戦争犯罪行為(例えば、民間人の住宅区域や平和産業施設等の砲爆撃や、原子爆弾投下)を正当化して、相手方国民の戦意沮喪と総合的国力の低下を図ったが、これは違法で卑劣な戦術であった。戦後、戦争犠牲者の保護のためのジュネーブ四条約(一九四九年)が締結され、さらに四条約の追加第一議定書も採択されて、一般住民・民間人の保護が、国際人道法の名のもとに、再び戦前と同様の国際法上の重要規則とされたが、圧倒的優位を誇る軍事力を恣意的に行使して、実定国際法を蹂躙した第二次大戦中の連合国側の責任は決して不問に付されてよいものではない。

ところで、国際法的に厳密にいえば、戦争は特定の「法的状態」であり、またそのような状態のもとでの諸国による交戦権の行使でもある。国家は「開戦権」を行使して、一方的な宣戦布告(開戦宣言――戦争意思〔animus belligerendi〕の相手国への伝達)により、相手国との間に正式な「戦争状態」を創出できるものとされた。こうして交戦国となった国家は、国際法により「交戦権」の行使を許容されることになる。

交戦権とは、平時ならば禁止されている以下のごとき諸行為を、戦時に合法的に遂行できる権利である。①敵国との通商の禁止、②敵国の居留民と外交使節の行動の制限、③自国内の敵国民財産の管理、④敵国との条約の破棄、またはその履行の停止、⑤敵国兵力への攻撃・殺傷、⑥軍事目標・防守地域への攻撃・破壊、⑦敵国領土への侵入とその占領、⑧敵国との海底電線の遮断、⑨海上の敵船・敵貨の拿捕・没収、⑩敵地の封鎖、中立国の敵国への海上通商の遮断・処罰、⑪海上での中立国の敵国への人的物的援助の遮断・処罰、等。

以上のうち、⑤以下は武力行使のかたちをとる交戦権行使であるが、⑦に関連して付言しておきたい。アメリカ、イギリス、オランダなどの敵国の植民地——その国の領土の一部である——であったフィリピン、ビルマ（現在はミャンマー）、東インド諸島（インドネシア）等への日本軍の進攻は、合法的な交戦権の行使であって、〝侵略〟などではないことは自明である。オランダとの関連でいえば、昭和十七年に今村均将軍の率いるわが第十六軍がスマトラ島南部やジャワ島に進攻して、オランダ軍は全面的に降伏している。日本軍は占領行政を敷くと同時に、現地の独立運動の闘士であったスカルノやハッタ博士を獄中から救い出して、彼らを中心にしてインドネシア人民に将来の独立達成のための諸準備をさせたが、わけてもペタ（郷土防衛軍）を育成して青壮年に軍事教育を行ったことは、後のインドネシア人民の旧宗主国に対する独立戦争の勝利に大きく貢献したことが認められている。

なお、国際法の意味における「戦争」（戦争状態）が終了するのは、原則として、交戦国間に締結された平和（講和）条約が発効する時点においてである。したがって、大東亜戦争が法的に終結したのは、日本と連合国との間のサンフランシスコ平和条約の発効の時点（昭和二十七年四月二十八日）においてであり、日本国民一般が考えているように昭和二十年八月十五日ではない。連合軍は、戦闘段階終了後の占領段階において、連合国の利益にかなった日本社会の改造政策を、戦争行為（軍事行動）として推進したのである。

■不戦条約の解釈と東京裁判

すでに見たように、決闘の法理によって、戦争は久しきにわたって攻撃戦争（侵攻戦争）——国家が不当な動機に基づいて他国に攻撃を仕掛ける戦争——も、防衛戦争（自衛戦争）——他国による不当な攻撃に対して、本質的に自国の権利を守るために行う戦争——も、ともに合法とされてきたが、一九二八年にフランスとアメリカの主唱によってパリで締結された「戦争放棄一般条約」（不戦条約と通称される）は、右の二つの戦争を区別して、侵攻戦争（aggressive war, war of aggression）を違法化（犯罪化ではない）したものと認められている（違法化していないとする学説は、締結当時にも、また現代においても、アメリカの学者などの間で見られる）。侵攻戦争が不戦条約を通じて違法化されたと見る場合、侵攻戦争を行った国は、国際不法行為責任（損害賠償または原状回復）を負わされる。

不戦条約の眼目ともいうべき第一条において、締約諸国は「国際紛争の解決のために戦争に訴えることを非難し、相互関係において国策の手段としての戦争を放棄する」ことを誓約した。「国策の手段としての戦争」は「侵攻戦争」を意味するものと、また「国際紛争を解決するための戦争」は「侵攻戦争」に該当するものと、締約諸国の間で了解され、以後、この二つの表現は国際社会で――特に外交場裡で――この意味で慣用されることになった。

重要なのは、戦争が「侵攻戦争」であるか「自衛戦争」であるかを誰がいかなる基準に拠って判断するかであるが、アメリカ国務長官ケロッグが言明したように、実際には各国家が「自己解釈権」(Right of auto-interpretation)を行使して、みずから判断するものとされた。

また、「侵攻」(aggression.その原義は、挑発されないのに行う攻撃)の国際法的定義は未確定で、国際社会で曲がりなりにも一般的な定義が作成されたのは、戦後の一九七四年十二月のことであった。

こういう国際法的状況にもかかわらず、一九四六年～一九四八年に行われた東京裁判が、不戦条約によって「侵攻戦争」は犯罪――平和に対する罪――にされているとの連合国側の独断的な主張を認め、日本の遂行した戦争が(少なくとも日本の自己解釈権の行使においては)「自衛戦争」と認められるにもかかわらず、杜撰《ずさん》な歴史認識のもとに「侵攻戦争」――翻訳係が〝侵略戦争〟と悪訳した。現在では、外務省の国際法関係の要職にある人も、〝侵略〟がアグレッションの正確な訳語ではないことを認めている――であると強弁し、東條元首相以下の戦時指導者個人に、いわゆるA級戦犯としての戦争責任なるものを追及したが、このようなことは、かつて前例がなく、また実定国際法の許容するところではなく、東京裁判自体が悪質な国際法侵犯の事例として非難されることになった。

ここで念のため、「不法行為」と「犯罪」とは法的には重要な差異のある概念であることを指摘しておきたい。国際法では、犯罪とは、原則的に国家の行為(すでに国際不法行為とされているものをも含む）のうち特に悪質かつ重大で、国際社会の法益（法により守られている利益）を侵害すること甚だしいものを、あらかじめ条約の締結ないしは慣習法の熟成を通じて「犯罪」と確定したものを指している。

■若干の重要問題に関するレーリンク博士の見解

先に挙げた『東京裁判とそれ以後』の中でレーリンク博士が展開している興味深い議論のうち、特に重要と思われるものをいくつか選び出して、以下に紹介する。

(1)日本に開戦を決意させ、ハワイを攻撃させることになる一九四一年十一月二十六日のハル・ノートについて、レーリンク博士は次のように述べている。

《(日米交渉に関連して) 日本の見地からして、アメリカ (イギリス・支那・オランダ) 側のとった行動のうち最も重要なものは、石油禁輸であり、日本はこの禁輸措置が解かれることを切望すること非常なものがあった。十一月二十六日にワシントンの態度が明確にされたが、それは、日本がインドシナおよび支那から撤退することが経済的譲歩の代償とされるというものであった。しかし、日本政府としては（いかなる政権であっても）そのような代償を支払う意思も能力も持てなかった。ハルが提示した諸条件は端的に戦争を意味しており、そのことをハルは知っていた。彼はスティムソン陸軍長官やノックス海軍長官に「問題は今や貴下の手中にある（The matter is now in your hands.）と語った。アメリカ政府は戦争が始まることを確信していたが、それが日本によって開始されることを熱望していた。〝われわれは、あまり多くの危険がもたらされないようにしながら、日

本を操って最初の第一撃を発射するようにさせなければならない〟と、確かにハルは言った。》

アメリカ下院議員を勤めていたハミルトン・フィッシュなどの調査によって、現在では、ハル・ノートの原案を作成したのが財務次官補ハリー・D・ホワイト（ソ連のスパイであったことが後に判明している）であったことが確認されており、ルーズベルト一味の対日挑発企画はソ連の世界赤化戦略に副うものであったことが、外交史家の知るところとなっている。

BBC（イギリス放送協会）が制作したテレビ番組「真珠湾攻撃・暗号を解いた情報部員たち」（平成元年十二月八日にNHKスペシャルとして放映された）が生き証人を並べて実証しているように、ルーズベルト大統領と数名の閣僚は真珠湾に迫る軍事的危機を知っていながら、真珠湾の防衛責任者たるキンメル海軍大将やショート陸軍中将にその情報を知らせず、二千有余のアメリカ人将兵を犠牲にしたのである。一九四四年十一月二十八日にアメリカ下院で、共和党のD・ショート議員は「真珠湾攻撃に関するすべてのいきさつと真実が語られ、白日の下に曝されるならば、アメリカ国民は衝撃を受け、激怒し、かつ悲嘆にくれるだろう。彼らの心は深い悲しみに包まれ、激しく傷つけられるだろう」と演説している。

レーリンク博士は、日本政府が実質的に正式な開戦宣言に相当するものを、真珠湾攻撃に先だってワシントンに通告する意図を持っていたことを認めており、真珠湾へのだまし討ちなる罪科は、法的には十分な根拠があるとは決していえず、それにもかかわらず、マッカーサー自身は当初東京裁判に、真珠湾攻撃をのみ取り扱う短期の裁判——アメリカ軍の汚名をすすぐことを主目的とするもの——を望んでいたことを博士に率直に語っていたことを明らかにしている。

さらに、レーリンク博士が、真珠湾攻撃当時に〝侵攻戦争を禁止する国際法規〟が存在していたと仮定すると、日本の行動はその規則に違反したことになるかというカッセーゼ教授の質問に答えて、東京裁判の裁判長、ウィリアム・ウェッブとの会話を回顧しつつ、次のように述べているのは印象深い。

《私たちは侵攻概念について議論していたが、ウェッブが〝われわれは非常に結構な判決を書くつもりでおり、この侵攻戦争の罪科の根拠とするために、貴国の偉大な国際法学者であるフーゴー・グロティウスを引用しようと思っている〟と言ったので、私はこう答えた。〝それはどうも疑問ですね。その理由は、実際にグロティウスが戦争と平和について著述したのは十七世紀初頭のことですが、その時期はまさにわれわれがアジア各地を征服していた時代です。グロティウスのような理想主義者が著述していた時にわれわれのいわばヒーローたちがアジアを征服して、そこに帝国を築きつつあったわけで、アジア人に対する裁判の中で、当時の理想主義者を引用することは、正しいとは思えません〟と。》

(2)「人道に対する罪」について、レーリンク博士は次のように説明している。

《ニュルンベルク裁判と同様に、東京裁判では、平和に対する罪、人道に対する罪、通例の戦争犯罪という三つの罪が問われた。しかし、私の見解では、人道に対する罪という罪科の理由は、日本では妥当ではなかった。ドイツでは、人道に対する罪は、ドイツ国民として戦争法による保護の枠外にいたドイツのユダヤ人を殺害したことに対して、ドイツ人を訴追する手段を提供するためのものだった。

実際問題として、そのことは、人道に対する罪を創設した要因のうちの一つだった。もう一つの要因は、その犯罪の残虐性と極悪性が当該犯罪を特別の名称に値するものとしたということで、その名称が人道に対する罪であった。それは東京でも適用されたが、しかし、東京では本当はすべてのものを通例の戦争犯罪でカバーすることができたはずだ。正当な理由なくして捕虜や一般住民を殺害すれば、交戦法規に違反したことになり、死刑に処せられることもある。そういうわけで、人道に対する罪という概念そのものは、東京では小さな役割しか演じなかった。

もちろん、歴史的には、人道に対する罪という概念は非常に重要であり、ジェノサイド条約（集団殺害罪の防止および処罰に関する条約）への道を開いた。まったく奇妙なことに、ニュルンベルクと東京の裁判所条例では、人道に対する罪は、裁判所の管轄権の範囲内の他の犯罪と関連づけられた。東京条例の第五条では、〝裁判所の管轄権内のいずれかの犯罪の遂行に際しての、もしくはその犯罪に関連した、政治的ないし人種的理由による殺害、奴隷扱い、追放、迫害〟が裁判所の管轄権に属する人道に対する罪と述べられているが、下手な文言の規定で、さまざまの異なった解釈をもたらすことになった。

右のような関連づけは、スティムソン陸軍長官のような人が、こういう要素がなければ新しい犯罪がアメリカ国内の黒人の虐待に適用されることを恐れたために、要望された。その結果、平和に対する罪もしくは通例の戦争犯罪を遂行する際の、あるいはそれに関連した行為のみが、人道に対する罪になることが必要とされた。いっそう正確な解釈は、疑いなく、右の関連性が存在する場合にのみ、裁判所は人道に対する罪を裁く管轄権を持つということであり、換言すれば、右の関連性

は犯罪の範囲を制限したのではなくて、裁判所の管轄権の範囲だけを制限した。》

(3)連合国側の戦争犯罪行為についても、レーリンク博士は厳しい批判をしている。ここでは、原子爆弾投下に関連するその一部を紹介する。「あなたは、日本の諸都市に対する連合軍の爆撃は違法であるとの結論に到達されたそうだが」とのカッセーゼ教授の言葉に、博士は以下のように応じている。

「その通りです。原子爆弾の投下は、一般住民への攻撃であって、軍事目標に向けられたものではなかったから、違法です。」

右に関連して、博士は以下のように述べている。

《一八六八年のサンクト・ペテルブルク会議で、〝国家が戦時に達成するために努力すべき唯一の正当な目的は、敵国の軍事力を弱めることである〟との原則が、採択された。軍部自身はこの原則に何ら反対せず、軍部が議論することを望んだのは、何が軍事目標かということだった。民間人は戦闘に参加しないから、民間人を殺しても軍事的利益はもたらされなかった。民間人は局外者として、戦闘への参加を禁止されていた。

民間人への意図的攻撃のこのような禁止は、その種の攻撃が実際に軍事的に意味のない時代に採択されたものである。しかし、それは、現代においてもなお無意味だろうか。今日、国家の政府は自国民――特にデモクラシー諸国では、国民は権力を持つ地位にある――の世話をすることを期待されている。この状況が、国民を攻撃することによって最終的には政府に降伏するよう圧力をかけられるという理論を生み出した。これが強迫戦争理論であって、それは、一般市民に対する戦争が、敵国軍隊に対する戦争よりも費用が安く効率が高いと主張する。

このようにして勝利の達成が可能なことは否定できない。広島と長崎への原子爆弾投下は、この種の戦略に基づいていた。十万人を殺すことにより、自分は数百万というアメリカ人および日本人が日本全土での死闘で殺されるのを防いだというのが、トルーマン大統領の主張であった。それは強迫戦争概念にアピールする議論である。すなわち、幾百万人もの死を阻止するために、通常の状態においては犯罪と考えられる仕方で、十万人を殺さなければならなかった、というものである。

しかし、日本の降伏の史実から見て、幾百万人ものアメリカ人および日本人の死は、原子爆弾がなくても、日本側の条件である国体の護持を容認するだけで、阻止できたであろう。広島と長崎の破壊は、ドイツ降伏のしばらく前のドレスデン空襲と同様に、不必要だったのだ。

《アメリカが、日本との戦争を終わらせるためでなく、自国の新しい力をソ連に印象づけるために、原子爆弾を使用することを、どの程度望んでいたかという問題がある。原子爆弾の使用を厳しく批判したのがイギリスのブラケットという人で、彼は早くも一九四六年に、広島と長崎に落された原子爆弾は第二次世界大戦の最後のそれではなく、第三次世界大戦の最初の原子爆弾であると書き、アメリカは非常に腹を立てた。》

レーリンク博士は、東京裁判の期間中に接触した日本の学生が、次のように質問したことを記述している。「連合軍が日本の多くの都市を焼き払い、時には東京の場合のように一晩に十万人を死なせ、極まるところ広島と長崎の壊滅をもたらしたというのに、日本の指導者たちを裁判で裁く資格が道義上あなた方にあるというのですか。連合軍のやったことは戦争犯罪ではないですか。」これに対して、レーリンク博士は以下のように見解を述べている。

《私は、これらの爆撃が戦争犯罪であったと、固く信じている。それは、一般国民が政府に対して降伏を強く促すように、戦争を耐えがたいまでに苦痛に満ちたものにする目的で、一般国民を恐怖に陥《おとしい》れていた。それは恐怖戦術・強迫戦術であって、交戦法規によって禁止されていたことは確かである。》

カッセーゼ教授は、チャーチルが彼の書いた第二次世界大戦史の中で、原子爆弾の使用は、ソ連が日本を占領してそこに自国の影響力を及ぼすのを阻止するために必要であったと強調していること、チャーチルとスティムソンが広島と長崎はともに軍事目標であったと力説していること、さらにスティムソンがハーパーズ・マガジンの論文の中で記載している一、二の覚え書——原爆投下の決定前にワシントンで回覧されたもの——が、両都市が多数の軍事目標を市内に持っていると強調していて、あたかもそのことが原爆投下を正当化するといわんばかりであったことを指摘したが、レーリンク博士は次のように自己の見解を明らかにしている。

《あらゆる都市に軍事施設はあるものだ。広島と長崎への攻撃は、両都市内の軍事目標を破壊する意図に動機づけられていたことを証明しようとする努力がアメリカでされていたことは、容易に理解できる。私の意見では、こういうのは、アメリカ人の良心の呵責を和らげ、かつ世界の他の諸国を欺こうとする作り話なのだ。私は歴史がこのことを見抜いて肯定すると思う。五都市は、在来兵器で攻撃されるべき五都市が選び出された。五都市は、マンハッタン計画が始まった時に、原子爆弾によって破壊されるべく、未攻撃のままでなければならなかった。各都市は、一発の原子爆弾で破壊されてはならなかった。》

《チャーチルの第二次世界大戦史の原子爆弾に関する個所を読んで、私は原子爆弾がチャーチルの良心（それはどちらかといえば容量が広く、融通の利く良心なのだが）を重く圧迫しているとの印象を得た。彼は、日本について語り、〝苦しめられてきた人民の上に、二、三の爆発を代価とする圧倒的な力の顕示によって、癒しの手を置く〞などと、現実に起きたことを認識している者には滅茶苦茶としか思われない言葉で、自己の良心を包み隠している。チャーチルもまた、〝百万のアメリカ人の人命とその半数のイギリス人の生命の損失を必要としたかも知れない限りなく大規模な屠殺を避けるために〞原爆投下が必要だったという意見の持ち主であった。こういうものを読むと、それは一般社会に対する全くの欺瞞なのか、それとも現実に起きたことへの無知なのか、判らなくなるが、後者の理由は私には非現実的と思われる。》

カッセーゼ教授は、日本政府が広島への原爆投下に対して、それは不必要な苦痛を与える非人道的兵器の使用を禁ずる国際法原則に違反するとの理由で、スイス大使館を通じてアメリカ政府に抗議を行った事実に触れ、短文の通牒ではあったが、立派な主張を提示したと述べている。

(4)レーリンク博士は、国際法や軍事裁判に対するアジア人の視点からする見解に特に考慮を払い、それを尊重しようとする態度が顕著であった。

東京裁判においてインド代表判事・パール博士が、日本は問題の戦争において国家として犯罪行為をしてはおらず、平和に対する罪などというものは実定国際法上存在していないとの見解に立脚して、日本人被告全員の無罪放免を主張したことは、東京裁判の法的正当性に対する疑念を全世界に印象づけ、戦勝連合国の政治的企図に奉仕した同法廷を震撼せしめた。パール判事の個別反対意見の中に展開された理路整然たる東京裁判批判は、占領軍当局の関係者を恐怖に陥れ、彼らは卑劣にも裁判所条例のいう公正の趣旨に反して、パール判事の意見書の法廷における朗読を、許さなかった。被占領期の日本では、その反対意見書（パール判決書と通称されている）の出版も許されなかった。一九五三年にカルカッタで公刊された意見書（英文）の全文は、全世界の国際法学徒にあらためて深い感銘を与えることになった。レーリンク博士も、パール意見書に深甚の敬意を表明している一人である。

すでに見たように、カッセーゼ教授は、パール判事を評して、「彼は純然たるアジア人の観点から日本人の行動を見て、良かれ悪しかれそのすべてをおしなべて正当化する傾向があった」と述べているが、レーリンク博士も東京裁判へのパール判事の登場とその活動について、次のように述べている。

《最初、法廷は九人の判事だけで構成されていた。後になって、さらに二人の判事が、つまり、フィリピンとインドを代表する判事が追加された（両国はその時までに独立を達成した）。彼らの追加は少々変則的なものだったが、それというのは、法廷はすでに構成されていて、われわれ九人の判事で決定も行っていたからである。例えば、われわれは、多数派判決を言い渡すことにして、〝反対意見〟を許さないことを、すでに決めていた。しかし、その後で、パール・インド代表判事が、真実のアジア人の態度を代表する判事として、登場した。フィリピンの判事はまったくアメリカナイズされていた。彼は、アメリカに協力したフィリピンの支配階級に属していて、その態度にはアジア的なものは何もなかった。それとは対照的に、インドのパール判事は、植民地関係について本当に憤慨していた。彼は、ヨーロッパがアジアでした仕業《しわざ》、すなわち、二、三百年前にアジアを征服して以来、はるか遠隔の地からそこを支配して主人顔をしていたことに対し、激しい感情を抱いていた。それが彼の態度に出ていた。そこで、日本が〝アジア人のためのアジア〟というスローガンを掲げて、ヨーロッパ系諸国からアジアを解放しようとした今次の戦争は、真実、彼の心に共鳴を呼び起こした。彼は、イギリス相手に日本軍と共に戦ったインド国民軍ともかかわりがあった。パール判事は全身すべてこれアジア人であった。》

パール博士はイギリスで教育を受けていなかったのかというカッセーゼ教授の質問に答えて、レーリンク博士はこう答えている。

《受けていなかったと思う。私は後にカルカッタの彼の自宅に滞在したことがあるが、彼が常に権威者として歓迎されているのを、この目で見た。パール判事は最初から自身の意見を表明しようと決意していたのだ。彼は、法廷に参加した最初の時から、被告の誰をも有罪とは認められないことを知っていたと思う。それ故に彼は、〝よろしい。私は他の十人の判事の決定によって拘束されはしない〟といったのだ。それこそが、〝反対意見〟を許さないとしたわれわれの合意が崩れた理由だった。つまり、多数派の意見に同意できない判事は、自分がそれに同意したと考えられることを防ぐために、自分の意見を発表せざるをえなくなったのである。》

続いて、レーリンク博士は、国際法の特異性という問題についても、次のように言及している。

《実際問題として、判事たちの間には大きな年齢差があった。私は東京に赴いた当時三十九歳だったが、支那の判事が若かったのを別にして、大部分の判事が六十歳前後だった。》

《おそらく彼らは年を取り過ぎていて、国際社会が国家共同体とは異なる故に、国際法廷が国内法廷とは少々異なっていることや、国際法が国家法（国内法）とは相違していることを、本当には理解できなかったのであろう。国際法は、異なった諸関係の枠組、すなわち、立法者も裁判官も中央権力もない法的団体、あるいは、内部の諸関係が垂直的というよりはむしろ水平的である社会、の中で機能するものであり、その結果、国内法で有効なものが国際法でも有効であるとは限らないのである。》

東京裁判の手続き面で最も厳しく批判されているものに証拠の取り扱いが挙げられるが、レーリンク博士はこの点についても、次のように触れている。

《英米法系に慣れている者による批判は、東京裁判の手続きが、大陸法系に近い手続きに傾いていて、英米法系から逸脱していたという事実にたいてい帰着している。これに関する最も精密な批判はパール判事が彼が反対意見の中で述べたもので、同判事は法廷がその決定において首尾一貫していなかったことを証明している。裁判所条例に従って、専門的な証拠規則の適用は行われなかった。その結果、法廷は、特定の証拠が証拠価値を有していて関連性があるか否かを、その都度特別に決定しなければならなかった。しかし、実際には英米法系の裁判にのみ適しているいくらか専門的な証拠規則が適用される傾向が見られた。》

レーリンク博士は、十一人中の七人の判事が多数派判決を書いたことを明らかにした後で、次のように続けている。

《パール判事は、自身の意見書を書くといっていたくらいで、多数派の中には入っていなかった。私は、裁判中に覚書を書いて、その中で、条例は法廷の管轄権を制限しているが、管轄権がある限度で、われわれ判事は、条例の規定自体が国際法にかなっているか否かを判断しなければならないと述べたが、そのために私もまた多数派から排除された。それは決定的な論点であった。なぜなら、それは、侵攻戦争が当時においてどの程度完全に確立された犯罪といえるかという論議をもたらしたからである。

私の右の意見は、若干の判事によって非常に恨まれることになった。それはまた、私自身がオランダ本国政府とのいざこざに捲き込まれる理由にもなった。オランダ政府は、何らかのかたちで、私がその覚書を書いたことを知らされたのだが、法廷は条例の規定により拘束され、かつ平和に対する罪は現行国際法上の犯罪であると考えていた。オランダでは、国際法の主要専門家から成る小規模な委員会が設置されて、平和に対する罪が国際法上認められているとの助言を与えていた。実際に一種の衝突があったのだ。私は、外部からのいかなる干渉も受けずに、法によってのみ導かれる独立した裁判官として勤務することが習慣になっていたので、自分は辞任する用意があるが、外部からの影響を受ける意思はないことを明らかにした。それは実際に難しい状況だった。辞任は、その理由が広く一般に知られることが確かなので、私としては好ましくなかった。しかし、私自身の熟考の末の意見に矛盾する判決には、加わることができないと考えた。幸いにも、本国政府は自説を固執しなかったが、それは多分、この問題の調査のために東京に派遣されたあるオランダ外交官の勧告によるものと思われる。その人は非常に賢明な人で、問題の核心を理解していたのだ。後に彼が外務省の総務局長になった時、私に対して、国際連合総会へのオランダ代表団に加わるようにとの政府の招請を伝えてくれた。彼は書信の中で、今度は貴下は政府の訓令に従わなければならないだろうと書いていた。》

レーリンク博士は、後にインドのネール首相と会った時の回想を、次のように述べている。

《一九五〇年代の中頃だったと思うが、私はニューデリーの会議の際に、パンディット・ネールと会った。私は彼に、国際法の諸問題について〝アジアの声〟を代表しているインドの法律家の名前を教えてくれるように頼んだ。ネールはしばらくの間考え込んでいたが、やがてこう答えた。〝そのようなインド人法律家はまだいません。わが国の法律家はオックスフォードやケンブリッジで訓練されていて、イギリス人的な見方をする法学徒に造形されているので、アジアの声となることができません。インドの将来の世代の国際法学者だけが、インド人の思想の真の代表となることでしょう。〟それから二、三年後に私は再びニューデリーでの会議に出席したが、今度は二十五名ほどのインド人学者と一緒になったが、彼らは皆国際法の教授であった。その中では私が唯一人の白人だった。全員が、外交官や領事の地位といったような国際法の伝統的な題目を選んで、きわめて特殊なテーマに関する論文を提出した。しかし、国際経済法について、貧困ないし開発について、経済的搾取について、あるいは国際市場を矯正する必要について、書かれた論文は皆無であった。私はそのことに対し驚き呆れた気持を表明したことを記憶している。彼らの国際法研究は、ある程度自分たちの義務を無視したもののように、私には思われた。今日、そのような時代は終わっている。現在では、発展途上諸国には例外的なほどに秀れた法律学者がいて、自国の特別の利害関係問題に関心を集中している。そのような法律学者は非常に必要とされていて、彼らこそ国際法の漸進的発達のための前提条件なのである。》

以上に関連して、レーリンク博士が『東京裁判とそれ以後』の中で述べている東京裁判に関する含蓄に富んだ評価の言葉を、以下に紹介しておきたい。

《東京裁判の判決が日本でどのような役割を演じようとしているかについては、誰にも判らない。だが、平和的手段によって日本の偉大性を目ざそうとした文官と、直接的な軍事的征服に傾斜した軍部との区別がもっと明確にされていたならば、その影響はもっと前向きのものとなっていたかも知れない。しかし、これは推測に過ぎない。東京裁判の決定的な評価は、今なお不可能である。》

一九七七年十月〜十一月の時点で述べられたレーリンク博士の右の言葉は、日本国民にとっては、とりわけ多くの意味を示唆するものとして、看過することができない。

■東京でのシンポジウムとレーリンク博士

昭和五十八年五月二十八日から二日間にわたって、東京池袋のサンシャイン・ビル国際会議場で、東京裁判を問いなおすための国際シンポジウムが開催され、同裁判の十一名の判事中唯一人の生存者であるレーリンク博士は、七十六歳の老軀に鞭打って、裁判終了後初めて日本を再訪されて、それに参加された。博士の臨席は、アメリカ人弁護人として日本人被告のために活躍されたファーネス氏やブルックス氏の参加とともに、シンポジウムの意義を高めることに大きく寄与した。かつて東京裁判の傍聴席から博士のお姿を望見した筆者は、今回は直接にその謦咳に接し、質問をして回答をいただく機会に恵まれ、大いに研究に裨益されるところがあった。

レーリンク博士は、その発言中にあらためて「第二次世界大戦以前の国際法が、戦争を犯罪と認めていなかった」ことを強調され、また東京裁判の数々の重大な法的欠陥を率直に認め、わけても廣田弘毅元首相を死刑に処したことは東京裁判の重大な間違いであったと語った。博士は東京裁判の評価に関連しては、その不公平さに着目するか、積極的な面に注目するかの選択が問題であると指摘したが、東京裁判の元判事としての立場から今回の博士の発言の内容には一定の限界があるのではないかと予想していた日本人参加者にとっては、レーリンク博士が多くの点で厳しい東京裁判批判を打ち出されたことは、衝撃であった。

もっとも、レーリンク博士は「侵攻戦争は国際法上の犯罪である」とするニュルンベルク・東京命題が、今日では慣習法になっているとの見解を示されたが、これに対しては、シンポジウムの基調報告を担当した西ドイツ（当時）・ルール大学（ボッフム）学長であるクヌート・イプセン博士が、断固として強硬に反対意見を表明した。国際連合国際法委員会が一九九六年三月の時点でも、いまだに侵攻を正式に国際法上の犯罪とは認めていない事実に照しても、この点に関してはイプセン博士の主張が妥当であったと認めることができる。

レーリンク博士は、共産主義の脅威に対する戦前の日本の警戒心が、アメリカやヨーロッパ諸国によって十分に理解されていなかったことの重要性をも指摘したが、会場の大きな関心を惹いた。

シンポジウムの終了後、レーリンク博士は熱海・伊豆山の興亜観音に参詣された。興亜観音はもともと松井石根陸軍大将（東京裁判により処刑された）の発願により観音堂が建立されたものだが、いわゆるA級戦犯として絞首刑に処せられた七名の被告の遺灰を蔵し、「七士の碑」でも有名であるが、レーリンク博士はここを訪れた東京裁判の判事としては、パール博士に次いで二人目かつ最後である。レーリンク博士のその折の感慨については忖度することは難しいが、われわれ日本国民としては、博士のこのような行跡にきわめて尊いものを感ぜざるを得ないのである。

以上をもって本書の「はしがき」に代えることとするが、本書の刊行について終戦五十周年国民委員会事務局（椛島有三事務局長・江崎道朗事務局員）より与えられたご激励とご協力に心からなる謝意を表したい。

なお、右委員会の会長を勤められた加瀬俊一・初代国際連合大使より懇篤なる序文を頂戴したことは、監修者として光栄の至りであり、ここに深甚なる感謝を捧げたい。昭和外交史上の多くの重要事件に直接関与されたわが国外交界の最長老のお言葉は、本書を繙くすべての読者の東京裁判に対する関心と問題意識と、さらには正しい理解をいっそう広く深くしていただけるものと信ずる。

平成八年七月

〔凡　例〕

一、本書は、多数の書籍・論文から引用・抜粋しており、その出典を基本的に引用文の末尾に明記した。《　》内は引用を示す。ただし、引用文献の詳細（訳者、発行年度など）は巻末に記した。

二、原本が正漢字の場合、漢字の字体は新字体に入れ換えることで統一を図った。ただし、カナ表記は正仮名遣いを守った。

三、読み易さを考慮して、引用文に新たにルビ、句読点、改行を施した場合がある。

四、アグレッション（aggression）は日本では一般的に「侵略」と訳されることが多いが、本書では青山学院大学の佐藤和男教授の指摘を踏まえ、「侵攻」と訳した。その理由は、オックスフォード、ウェブスター、チェンバー等の英米の辞書では、unprovoked attack（挑発を受けないのに行なう攻撃）がaggression の意味とされているからである。ところが「侵略」は『広辞苑』（昭和五十八年）では「他国に侵入してその土地や財物を奪いとること」とされており、「不当な略奪行為」を含蓄する。このような意味は英語ではむしろ invasion, pillage and/or annexation と表現されよう。そこで、原語の国際法的意味を考慮した場合、「不当な略奪行為」を含蓄しない「侵攻」を訳語とすることが適当と判断した。なお引用文が「侵略」を使っている場合には原文を尊重し、そのまま「侵略」を使った。

五、〔　〕内は著者による「注」または「補足」である。

六、引用文中の「……」は、中略を示す。

七、年代の表記は、原則として、主体が日本の場合、元号を用いて西暦を括弧で補い、外国の場合は、西暦を用いて元号を括弧で補った。

世界がさばく東京裁判

本書に登場する主な外国人識者一覧　＊名前の次の括弧は国籍の略

【戦犯裁判・GHQ関係者】

ウィリアム・シーボルド［米］（連合国最高司令官政治顧問、総司令部外交局長）……63
ダグラス・マッカーサー［米］（連合国最高司令官、元帥）……66
C・A・ウィロビー［米］（GHQ参謀第2部部長、将軍）……79
ラダビノッド・パール［印］（東京裁判インド代表判事、国際連合国際法委員会委員）……83 123 128 160 176 193 217
エリオット・ソープ［米］（GHQ対敵情報部長、准将）……99
ウィリアム・ローガン［米］（東京裁判弁護人、木戸幸一担当）……111〜114 185
ベンブルース・ブレイクニー［米］（東京裁判弁護人、東郷茂徳・梅津美治郎担当）……121 155 162
A・G・ラザラス［米］（東京裁判弁護人、畑俊六担当）……146
ジョージ・A・ファーネス［米］（東京裁判弁護人、重光葵担当）……151
ジョン・G・ブラナン［米］（東京裁判弁護人、永野修身担当）……153
オウエン・カニンガム［米］（東京裁判弁護人、大島浩担当）……154
アンリ・ベルナール［仏］（東京裁判フランス代表判事）……159
ベルト・レーリンク［蘭］（東京裁判オランダ代表判事、フローニンゲン大学教授）……160 169 218
ディビッド・スミス［米］（東京裁判弁護人、廣田弘毅担当）……162 163

ウィリアム・ウェッブ［濠］（東京裁判裁判長、前クインズランド州首席判事）……168 184
ヘレン・ミアーズ［米］（GHQ労働問題顧問委員会委員、『アメリカの鏡・日本』著者）……186
ウォルター・C・ヘンドリックス［米］（山下裁判弁護人、中佐）……196
A・フランク・リール［米］（山下裁判弁護人、中尉）……198

【政治家・軍人】

ロバート・A・タフト［米］（上院議員）……61
ジョージ・ケナン［米］（国務省政策企画部初代部長、対ソ封じ込め政策の立案者）……62
モントゴメリー［英］（元帥、子爵）……79
ハンキー卿［英］（元内閣官房長官、元枢密院書記官長、『戦犯裁判の錯誤』著者）……82 108 126 151 155 218
モーン卿［英］（政治家）……103
フランシス・S・G・ピゴット［英］（少将、元駐日大使館付陸軍武官）……108
オリバー・リットルトン［英］（軍需生産大臣）……115
ハーバート・フーバー［米］（前大統領）……115
ラッセル・グレンフェル［英］（海軍大佐）……116
カーチス・B・ドール［米］（ルーズベルト大統領の元女婿、大佐）……117
許國雄［台］（中華民国行政院僑務委員会顧問、東方工商専科大学学長）……119

D・ショート［米］（下院議員）……120
タンスリー・ガザリー・シャフェー［マレーシア］（元外務大臣、ASEAN創設者）……130
ジョン・フォスター・ダレス［米］（外交官、後に国務長官）……132
ウィリアム・ハルゼー［米］（第三艦隊司令官、大将）……134
ウィリアム・リーヒ［米］（大統領首席補佐官、海軍大将）……135
D・アイゼンハワー［米］（連合軍最高司令官、大統領）……136
チャールズ・リンドバーグ［米］（飛行家・大西洋初単独飛行横断、大佐）……142 145
フランク・B・ケロッグ［米］（国務長官、不戦条約の起草者）……172 174
サー・アレグザンダー・カドガン［英］（外務次官）……178
ロバート・ランシング［米］（国務長官）……194
エドウィン・O・ライシャワー［米］（ハーバード大学教授、元駐日大使）……200
P・N・チョプラ［印］（教育省事務次官）……201
ハミルトン・フイッシュ［米］（下院議員、『日米・開戦の悲劇』著者）……220
ラファエル・デ・ラ・コリナ［メキシコ］（駐米大使）……229
イポリト・ヘスス・パス［アルゼンチン］（駐米大使）……229

【法律専門家】

W・O・ダグラス［米］（連邦最高裁判所判事）……64
ハンス・ケルゼン［米］（ウィーン大学、ハーバード大学、カリフォルニア大学の教授を歴任、国際法の権威）……76
クヌート・イプセン［独］（ルール大学学長、国際法の権威）……103 191 211 213 216
プライス［米］（陸軍法務官）……149
ブレナン［濠］（高等裁判所判事）……152
ゲルハルト・フォン－グラーン［米］（ミネソタ大学教授）……176
アマード・M・リファート［エジプト］（カイロ警察アカデミー講師）……177 180
ロベール・ファルコ［仏］（ロンドン会議フランス代表、大審院判事）……178
フランシス・B・セイヤー［米］（ハーバード大学教授）……183
マンレー・O・ハドソン［米］（常設国際司法裁判所判事）……191
フランク・マーフィ［米］（連邦最高裁判所判事）……197
ワイリー・ラトリッジ［米］（連邦最高裁判所判事）……198
ドゥドゥ・ティアム［セネガル］（国際連合国際法委員会特別報告者）……209
エドワード・セント・ジョン［濠］（勅選弁護士、国際法律家協会委員）……248

【歴史学者】

チャールズ・ビアード［米］（歴史学、政治学の権威）……65

ロバート・トンプソン〔米〕（南カロライナ大学教授）……111
ハリー・エルマー・バーンズ〔米〕（歴史家）……117
セオドール・マックネリ〔米〕（メリーランド大学教授）……118
リチャード・H・マイニア〔米〕（マサチューセッツ州立大学教授、『勝者の裁き』著者）……121 148 180 182 187 223
レジナルド・カーニー〔米〕（ハンプトン大学助教授、神田外語大学助教授）……124
J・サミュエル・ウォーカー〔米〕（原子力規制委員会首席歴史記述者）……137
ガー・アルペロビッツ〔米〕（メリーランド大学研究員、全米経済代替案センター代表）……137
ジョン・W・ダワー〔米〕（カリフォルニア大学教授、『人種偏見』著者）……144
ジョン・プリチャード〔米〕（ロンドン大学歴史研究員、英語版『極東国際軍事裁判記録』編者）……164
P・W・シュレーダー〔米〕（コーネル大学教授）……188 205
T・R・サレン〔印〕（国立歴史調査評議会理事）……201
M・L・ソンディ〔印〕（ジャワハルラル・ネール大学教授）……202

【マスコミ】

ジョージ・シャイラー〔米〕（『ピッツバーグ・クーリア』紙編集委員）……64
J・A・ロジャース〔米〕（黒人ジャーナリスト）……116
デービッド・ローレンス〔米〕（『ユナイテッド・ステイツ・ニューズ』オーナー兼編集長）……125

クリスチャン・センチュリー紙［米］（プロテスタント系新聞）……131
ジェームズ・M・ギリス［米］（カトリック系『カトリック・ワールド』編集長、神父）……132
ノーマン・カズンズ［米］（『サタデー・レビュー』編集長）……134
ガゼット・ローザンヌ紙［スイス］……140
ワシントン・ポスト紙［米］……226

【その他】
ウェン・コーエン［米］（詩人）……58
カルホーン委員会［米］（キリスト教会連邦協議会所属の著名な聖職者と教育者のグループ）……133
ジョージ・ケレィ［米］（詩人、ピュリッツァ賞受賞劇作家）……186
ローレンス・テイラー［米］（弁護士、作家、『将軍の裁判』著者）……199
ジョージ・フリードマン［米］（ディッキンソン大学教授）……221
ヘランボ・ラル・グプタ［印］（インド独立運動の指導者）……248

【第1章】

知られざるアメリカ人による〈東京裁判〉批判

——なぜ日本だけが戦争責任を追及されるのか

■アメリカのある詩人の懺悔と忠告

平成七年（一九九五年）夏、翻訳家の足羽雄郎《あしばいさお》氏が東京・池袋のサンシャイン・ビル西北側の公園を歩いていると、何かを探している一人の外国人がいた。足羽氏が話しかけると、極東国際軍事裁判（通称〝東京裁判〟）で死刑にされたA級戦犯の処刑場跡を探しているところだ、とその外国人は言った。

この人はアメリカ人で名を**ウェン・コーエン**、職業は詩人。ハイスクール時代、Pacific War（＝太平洋戦争、日本は「大東亜戦争」、イギリスは「極東戦争」と呼ぶ）について学んだ時、日本が一方的な侵略国だと教えられ、自分でもそのように信じていたが、大学に入って、図書館でたまたまアメリカの歴史学の権威であるチャールズ・ビアード博士の『ルーズベルトと第二次世界大戦』（C.A.Beard, *President Roosevelt and the Coming of the War*, New Haven, 1948.）を見つけて読んだところ、目の覚めるような思いをしたという。

「ルーズベルト大統領が勝手に戦争を仕組み、日本に押し付けたことを知り、仰天の思いであった。アメリカが無実な日本の指導者を処刑してしまったことに対し、一アメリカ人として心より日本人に詫びたい。日本に行ったら、是非とも処刑場跡を訪れ、処刑された人々の霊に詫びたいと思っていたが、今日それが実現出来て、大任を果たした思いである」

と彼は語り、足羽氏に、処刑場跡に建っている記念碑の碑文について説明を求めた。

碑の前面には、「永久平和を願って」と刻まれており、その後ろには、極東国際軍事裁判で有罪の判決を受けた人々の処刑がここで執行されたこと、「戦争による悲劇を再びくりかえさないため」記念碑を建立したこと、が書かれている。

足羽氏が英訳しながら、碑文について説明したところ、彼は呆然として、

「独立国日本がいつまでもアメリカに遠慮し、このように卑屈な碑文を後世に残すことは全く恥ずかしいことではないだろうか。私が日本人ならこう書きたい」

と言って、その場で次のような詩を書いた。

Oh, America! Thou perverted the law and trampled down justice. George Washington and Abraham Lincoln, now in the nether world, weep of thy injustice.

あゝアメリカよ、汝は法を曲げ、正義をふみにじった。ジョージ・ワシントン、アブラハム・リンカーン、今や黄泉《よみ》にて汝の非道《ひどう》に涙す。〔足羽雄郎訳〕

先の戦争は決して日本の侵略戦争などではなかった。にもかかわらず、アメリカは東京裁判を行な

い、日本の指導者を侵略者として処刑した。このことは、公正と正義を重んじたアメリカ建国の祖、ワシントンやリンカーンの精神を裏切る行為だ。日本はむしろアメリカに反省を求める形で碑文を書くべきではないか——と、コーエン氏は語ったのだ。

この詩人の問いかけに、私たち日本人はどのように答えるだろうか。

これまで〝戦争責任〟といえば、必ず日本の戦争責任を追及することであった。過去の問題で批判されるのは常に日本であって、過去の日本の行動を非難することがあたかも正義であるかのような観念に大半の日本人が支配されてしまっている。私たち日本人は戦後五十年もの間、先の戦争に関してアメリカの責任を追及するという、この詩人のような発想で歴史を検証したことはほとんどなかった。

なぜ、私たちはそう思い込んでしまっているのだろうか。どうして戦争責任を追及されるのは常に日本側なのだろうか。連合国側には戦争犯罪は全くなかったというのだろうか。なぜ私たちは、原爆を投下したアメリカの指導者が裁かれないことに疑問さえ持たないできたのだろうか。敗戦後の日本人が、「戦争に負けたのだから」と、連合国側からの裁きを甘受したのは仕方のないことだったかも知れない。「勝てば官軍、負ければ賊軍」が古今の戦争のならいなのだから。

だが、歴史の真実は勝者の言い分にのみ存するのではないはずだ。

戦後五十年経った現在まで、(心ある人々による抵抗の運動は続けられてきたものの、国家の大勢として)「勝者の連合国の戦争責任は免罪され、敗者の日本だけが戦争責任を追及されるべきだ」という発想を、日本人は引きずったままである。コーエン氏から見ればそうした日本人の姿勢は「卑屈」そのものに見えるのだが、当の日本人は勝者によって与えられた歴史観で自国の父祖の歩みを見ていることに、全く気づいていないのである。

■「いかさまな法手続きだ」（ジョージ・ケナン）

私たち日本人が自らの「卑屈さ」を自覚できないのとは対照的に、勝者のアメリカ側には、「東京裁判」の開廷当初から、この裁判がデッチ上げだとして、冷静に事態を見ている人々がいた。それも当時のアメリカ政府やGHQ関係者たちの中に、東京裁判に対して批判的であった人々がいたというのだから驚かされる。

アメリカの生んだ偉大な上院議員としてキャピトル・ヒルに壮麗な記念碑が建てられている**ロバート・A・タフト上院議員**もその一人である。裁判開始から僅か半年後の一九四六年（昭和二十一年）十月五日、オハイオ州ケニヨン法科大学で開催された学会で、タフトは「アングロサクソンの伝統たる正義と自由」について講演した。この講演の最後の部分で、彼はドイツの戦争犯罪を裁いたニュルンベルク裁判に言及し、事後法による裁判は将来の侵攻戦争の発生をくい止める役に立たないこと、また、この裁判は正義の実現ではなくして復讐心の発現であることを力説し、次のように述べた。

《勝者による敗者の裁判は、どれほど司法的な体裁を整えてみても、決して公正なものではありえない。》（リチャード・マイニア『勝者の裁き』p.96.）

そして、「ドイツ戦犯十二名の処刑はアメリカの歴史の汚点となるであろう」と断言し、同じ過ちが日本において繰り返されないことを切に祈る、なぜならば「日本に対してはドイツと異なり、復讐という名目が立ちにくいから」と説いた。責任ある政治家の口から出たこの率直な意見表明は、聴衆を驚かせたといわれる。日本への復讐の念に燃えていた当時の連合国の中ではさすがにこの発言は支持されず、東京裁判は予定のコースを進んだが、識者の関心を高めることにはなった。

ソ連封じ込め、共産主義封じ込め政策を立案したことで有名になった**国務省政策企画部初代部長ジョージ・ケナン**は一九四八年（昭和二十三年）に来日し、実見した占領下の日本の姿を見て、「マッカーサー将軍の本部によって、その時点までに実施された占領政策の性質は、一見して、共産主義の乗っ取りのために、日本社会を弱体化するという特別の目的で準備されたとしか思えないものだった」と書き、さらに日本語と家族制度の無意味ないじくり回しを非難した。当然のことながら、東京裁判に対しても手厳しい批判を加えている。

《[東京裁判を成立させる]このような法手続きの基盤になるような法律はどこにもない。戦時中に捕虜や非戦闘員に対する虐待を禁止する人道的な法はある。B[C]級戦犯の裁判はそれに則《のっと》っている。しかし公僕として個人が国家のためにする仕事について国際的な犯罪はない。国家自身はその政策に責任がある。戦争の勝ち負けが国家の裁判である。日本の場合は、敗戦の結果として加えられた災害を通じて、その裁判はなされている。といっても、これは勝利者が敗戦国の指導者を個人的に制裁する権利がないというのではない。しかし、そういう制裁は戦争行為の一部としてなされるべきであり、正義と関係ない。またそういう制裁をいかさまな法手続きで装飾するべきでない。》（*Foreign Relations of the United States*,1948, VI, p.718.／片岡鉄哉『さらば吉田茂』p.83.）

国務省の一官僚が、次期大統領候補とまで言われたマッカーサー元帥をここまで正面切って批判するのはよほどのことと見なければならない。東京裁判が始まったのは一九四六年（昭和二十一年）五月、それから僅か二年も経たない内にアメリカ本国、特に国務省（外務省にあたる）中枢が東京裁判を批判していたことは注目に価する。

東京裁判の実質的な遂行者であり、演出者であったGHQ内部でも批判があった。マッカーサー司令官のアドバイザー役を務めた対日米国政治顧問、対日理事会議長の**ウィリアム・シーボルド総司令部外交局長**は、後にこう述べている。

《私は、起訴状のなかに述べられた、いまわしい事件の多くを、よく知っていたけれども、本能的に私は、全体として裁判をやったこと自体が誤りであったと感じた。……当時としては、国際法に照らして犯罪ではなかったような行為のために、勝者が敗者を裁判するというような理論には、私は賛成できなかったのだ。もちろん、これと反対の意見のなかにも、相当の説得力をもったものもあった。そして歴史によって、その正当性が証明される時が、くるかもしれない。しかし、この点に関しては、私の感じは非常に強かったので、この最初の演出された法廷の行事が終るまで、私は、不安な感じに襲われ、再び法廷にはもどらなかった。》（『日本占領外交の回想』p.133.）

役職上は東京裁判を遂行しなければならない立場であり、東條元首相らの絞首刑にもアメリカ政府代表として立ち会ったシーボルド外交局長だったが、法律家としての良心は彼を苛《さいな》んだのである。

■「政治権力の道具に過ぎなかった」（ダグラス連邦最高裁判事）

東京裁判の実態が明らかになるにつれ、アメリカのマスコミにも批判的な論調が現われた。原爆を「悪魔のためのとんでもない凶器」と非難していた黒人コラムニストの**ジョージ・シャイラー**は当時、『ピッツバーグ・クーリア』紙に、次のような記事を書いた。

《現在、罪のない人びとがおびえているのは、弾圧と略奪の恐怖である。日本では主な軍人や政治家、財界人が次々と拘束され、軍事裁判にかけられている。それを行なっているアメリカ人は、あたかも汚れなき花のように、侵略の意識のかけらもない。》（レジナルド・カーニー『20世紀の日本人』p.165.）

アメリカの法曹界にも批判的な人がいた。

東京裁判の判決が下された昭和二十三年（一九四八年）十一月、東京裁判の被告たちがアメリカ連邦最高裁判所に再審請求を申し立てた。「国際軍事裁判」の判決の再審請求をアメリカ連邦最高裁判所に訴願すること自体が実は奇妙なことなのだが、ともかくこの請求は一旦受理され、結局却下された。この却下理由について同裁判所の**W・O・ダグラス判事**は、一九四九年（昭和二十四年）六月二十七日の意見書の中で、いみじくも次のように述べている。

《極東国際軍事裁判所は、裁判所の設立者から法を与えられたのであり、中立人の権利を国際法に基づいて審査できる自由かつ独立の裁判所ではなかった。それ故に、パール判事が述べたように、同裁判所は司法的な法廷ではなかった。それは、政治権力の道具に過ぎなかった。》（佐藤和男『憲法九条・侵略戦争・東京裁判』p.94.）

東京裁判が「司法的な法廷」でない、つまり正式な裁判ではない以上、再審請求も成立しないという理屈から再審請求は却下されたのである。

アメリカにおける東京裁判批判の決定打となったのは、歴史学の権威であった**チャールズ・ビアード博士**が一九四八年（昭和二十三年）、アメリカの公式資料に基づいて『ルーズベルト大統領と第二次世界大戦』なる著書（本書五八ページを見よ）を発表したことであった。博士はその著の中で、

《日本が真珠湾を攻撃するより数カ月前にルーズベルト大統領はアメリカをして海外に秘密なる軍事行動をなさしめた。》（菅原裕『東京裁判の正体』pp.328〜329.）

と指摘し、戦争責任を問われるべきは日本ではなく、ルーズベルト大統領だと訴えたのである。

東京裁判の菅原裕《ゆたか》弁護人によれば、アメリカの要人たちもビアード博士が学界の権威であるだけに弁解の余地もなく、「もしそうなら戦犯も追放もあったものではない。アメリカから謝罪使を送らねばなるまい」という者や、「いまさら謝罪もできないから、この上は一日も早く日本を復興させて以前に戻してやらねばならぬ」という者もあったという。

かくして内外で東京裁判批判が続出するなかで、裁判の事実上の実施者である連合国最高司令官で

あった**ダグラス・マッカーサー元帥**自身が、一九五〇年（昭和二十五年）十月十五日、ウェーキ島でトルーマン大統領と会見した際に、「東京裁判はあやまりだった」と告白したと言われている。マッカーサー司令官は公式の場でも、一九五一年（昭和二十六年）五月三日、アメリカ合衆国議会上院の軍事外交合同委員会で次のような答弁を行なった。

《日本は、絹産業以外には、固有の産物はほとんど何も無いのです。彼らは綿が無い、羊毛が無い、石油の産出が無い、錫《すず》が無い、ゴムが無い。その他実に多くの原料が欠如してゐる。そしてそれら一切のものがアジアの海域には存在してゐたのです。

もしこれらの原料の供給が断ち切られたら、一千万から一千二百万の失業者が発生するであらうことを彼らは恐れてゐました。したがつて彼らが戦争に飛び込んでいつた動機は、大部分が安全保障の必要に迫られてのことだつたのです。》（『東京裁判　日本の弁明』pp.564～565.）

マッカーサー元帥は東京裁判の判決に対して、連合国最高司令官として再審の権利を有していた。にもかかわらず、その権利を行使することなく、検事側の主張を全面的に受け入れた判決を無条件で容認し、東條元首相らの死刑を確定させた。そのマッカーサー元帥が、僅か二年も経たない内に、「東京裁判は誤り」であり、「大東亜戦争は自衛戦争だった」と告白したのである。

これは一体どういうことだろうか。東京裁判で処刑された被告たちの立場はどうなるのか。犯罪国家とのレッテルを貼られた日本の立場はどうなるのか。全く勝手なものである。

■戦争は「違法」でも「犯罪」でもない

アメリカの識者たちによれば、東京裁判は「いかさまな法手続き」で行なわれた「政治権力の道具」であった。その批判の論拠は、「戦争を始めることは国際法上、犯罪ではない。東京裁判は国際法に反している」ということにあった。

それでは、国際法は戦争というものをどのように考えているのだろうか。若干専門的になるが、簡単に説明したい。

有史以来、数多くの戦争が世界中で繰り返されてきたが、戦後、戦勝国が敗戦国の指導者を「侵略者」として断罪すべく「戦犯裁判」を行なった例はほとんどない。戦勝国は敗戦国に対して、領土の割譲や賠償金という形でペナルティーを課しただけである。日本が日露戦争でロシアに勝利した時も、日本はロシアに対して満洲、朝鮮半島が日本の影響下に属することを認めさせたに過ぎない。ロシア軍による残虐行為などは多々あったが、だからと言ってロシア皇帝やバルチック艦隊の指揮官を戦争犯罪人として処罰しようなどという発想はなかったし、国際法にもそうした規定は存在しなかった。

そもそも国際法の世界では、戦争そのものは「違法」でも「犯罪」でもなかった。

戦後、「戦争は絶対に許しがたい犯罪だ」と考えてきた日本人には驚きであるかも知れない。戦争はたしかに苛酷な惨禍をもたらす。しかし、それでも戦争は伝統的に「合法」であるとされてきたのである。最近でも、クウェートを侵攻して自国領土に併合したイラクに対して、クウェートを解放するために必要なあらゆる手段をとることを認めた国連安全保障理事会決議を錦の御旗に、一九九一年(平成三年)一月、米英仏を中心とする多国籍軍がイラク軍を攻撃して始まった湾岸戦争があったが、この戦争も合法的な戦争として国際社会で是認された。

国際法の専門家、青山学院大学の佐藤和男教授は次のように説明している。

《国際法では、戦争そのものは、「決闘の法理」に基づいて合法とされてきている。騎士または紳士が、自己の名誉を賭けて、あるいは意地のために相互に決闘（duel, private duel）を行なうとき、人格平等なる両者の間では、道義的ないし法的優劣を評価し、決定することは、困難である。社会的な犯罪を行なった犯人と、社会全体の法益を代表する警察官とが、相互に戦う場合とは、決闘は本質的に異なっている。国家は、国民の福祉と利益を求めて、国際法により認められた自己保存権を行使しつつある過程で、他国との利害関係の衝突を余儀なくされ、しかも、平和的手段を通じては、満足すべき解決を実現できない局面に逢着することが、決して稀ではない。》（『各法領域における戦後改革』p.76.）

当事国間の交渉、第三者の斡旋・仲介、調停、仲裁裁判、司法裁判等の平和的手段によって紛争が解決できなければ、現実に戦争になることもあった。

そこで、国際法は戦争を違法だとして突き放さずに、軍隊同士の戦争は合法とし、戦争の勝者が平和条約を自国に有利な内容で締結することによって自国の意思を敗者に強制することを認めてきた。具体的には各国には戦争を行なう権利、つまり「戦争権」が認められていた。

《戦争権は開戦権と交戦権とに分けられます。開戦権とは、A国がB国に一方的に宣戦布告（開戦宣言）を行なった場合に、B国の意思のいかんにかかわらず、両国間に戦争状態（state of war）

を生じさせることができる権利です。開戦権が行使されて戦争状態が出現しますと、A・B両国とも交戦国になります。国際法上、戦争とは特定の法的状態をいうのであって、開戦権の行使の時点から講和条約が発効して戦争が正式に終了するまでが国際法上の戦争状態なのです。戦争状態のもとでは、交戦国は、交戦権を行使することができるようになります。

さて、この交戦国に認められる交戦権の内容としてはいろいろなものがありますが、まず武力行使にかかわらないものから挙げれば、①敵国との通商の禁止、②敵国の居留民および外交使節の行動の制限、③自国内の敵国財産の管理(いわゆる敵産管理)、④敵国との条約の破棄または履行停止、を行なうことができます。さらに武力行使にかかわるものとしては、⑤敵国の将兵への攻撃およびその殺傷、⑥防守地域・軍事目標への攻撃およびその破壊、⑦敵国領土への侵入およびその占領、⑧敵国との海底電線の遮断、⑨海上での敵船・敵貨の拿捕・没収、⑩敵地の封鎖、中立国の敵国への海上通商の遮断および処罰、⑪海上での中立国の敵国への人的・物的援助の遮断および処罰、を行なうこと、などが認められています。》(『青山法学論集』第37巻第2号 pp.8〜9.)

ソ連のアフガニスタン侵攻が問題となった昭和五十年代後半、防衛問題の専門家が「日本が戦争を放棄しても、戦争は日本を放棄しない」としきりに述べていたが、いくら日本が憲法九条によって「戦争放棄」を定めていても、相手国が日本に対し宣戦布告をしてくれば、日本はその国と交戦状態に入ってしまうのである。

しかし戦争が国際法上、合法だからといって、何をやっても許されるのかといえば決してそうではない。国際法には戦時において守られるべき法、即ち「戦時国際法」の主要部分を構成している「交戦法規」という規定がある。この規定について佐藤教授は次のように説明する。

《交戦法規の内容ですが、第一に重要なのは、一般住民、非戦闘員に危害を加えてはならないというものです。攻撃の対象となるのは軍隊のみです。ここでいう軍隊とは、特定の指揮官の下に、一定の制服を着用して、公然と武器を携行した戦闘員から成る集団のことです。

第二に、要塞、軍事施設一般、戦車、戦闘機、軍艦のようないわゆる軍事目標とされるもの以外のものを攻撃してはならないという規則があります。軍事的意義のない非防守都市や一般住民が生活している家屋や平和産業を営んでいる工場などの民間物は、攻撃・破壊してはならないのです。

第三に、不必要な苦痛を与える残虐な兵器を使ってはならないのです。攻撃を受けた者が後遺症のために一生廃人になるような毒ガスのたぐい、体内で裂開するために治療が困難で長引くダムダム弾などの使用は、禁止されています。

第四に、捕虜を虐待してはならないのです。古代ギリシャやローマにおいては、捕虜は殺されたり、奴隷にされたり、そしてごくまれに身代金と引き換えに解放されたりしました。これに対して、国際法では、捕虜は衣食住などの面で自国の将兵と基本的に対等の扱いをすることになっています。》(『青山法学論集』第37巻第2号 p.7.)

しかし、この規定も完全なものではない。戦時中にこのような交戦法規に違反した者が敵側に捕えられた場合は、戦争犯罪人として裁判にかけられるのであって、捕えられなければ処罰されることはほとんどなかったからである。

ともあれ、このように国際法が確立されるに至った近代に入ってからは、「戦争の惨禍の軽減」ないし「戦争の人道化」の見地から戦闘手段について多くの法的規制が加えられていったが、戦争そのものはあくまで「合法」とされていたのである。そうした国際法の〝常識〟を弁《わきま》えていたからこそ、先に述べたアメリカの識者たちは必ずしも親日派ではなかったにもかかわらず、アメリカを中心とする連合国が日本の大東亜戦争を「国際犯罪」だと断言し、日本の指導者たちを戦犯裁判にかけたことを批判したのである。

実は連合国側、特に対日占領政策を主導したアメリカ政府自身も、戦勝国が敗戦国の指導者を戦争犯罪人として処罰するという東京裁判のやり方が、当時の国際法には全くなじまない特異な政策であることを承知していた。にもかかわらず、そうした批判を受けることを承知のうえで、アメリカは戦争中から周到な準備を進め、東京裁判を強行したのである。何故か。単なる「復讐」ではない、ある特別の目的があったからである。

【第2章】

戦犯裁判はいかに計画されたか

――国際法違反の占領政策

■国際法違反の〝精神的武装解除〟政策

連合国の、ある特別の目的とは何か。〝重大戦争犯罪人の裁判〟という奇異な考え方が一体いつ、誰によって提唱されたのかを追う中で考えてみたい。

右の戦犯裁判の着想の原点は、第二次世界大戦中の一九四一年（昭和十六年）八月、米大統領ルーズベルトと英首相チャーチルによって発表された「大西洋憲章」に求めることができる。

一九四一年八月の時点といえば、第二次世界大戦はドイツ、イタリア対イギリス、フランスといったヨーロッパ諸国間の戦いであり、アメリカはまだ参戦していなかった。にもかかわらず、イギリスと一緒になってアメリカがドイツ・イタリアに対する戦後処理構想を発表したのだから、奇妙なことではある。その構想とは、連合国による〝平和〟が永久的に確立・保障されるようにするため敵国（ドイツ、イタリア）の「武装解除」を行なうという内容で、従来の戦後処理とは大いにその趣きを異にしていた。この「憲章」は英米二カ国の一方的な宣言であり、法的な拘束力があるわけではなかったが、大東亜戦争勃発に伴うアメリカ参戦後の一九四二年（昭和十七年）一月一日に連合国宣言に取り入れられ、連合国の戦争目的を示すものとなった。

この憲章で表明された思想は、連合国側の優勢がはっきりとし始めた一九四三年（昭和十八年）一月のカサブランカ会談で更に明確にされた。この会談においてルーズベルト大統領は、「武装解除」構想を一歩進め、次のような〝国家の無条件降伏〟という新しい占領方式を表明した。

《〔無条件降伏政策は〕この戦争の最終目標をドイツ、イタリア、及び日本の無条件降伏に求めることであり、世界平和を合理的に保障することを意味する。無条件降伏はこれら三国の人民の破砕を意味するものではなく、他国の征服と屈従に基礎をおく、これら三国の哲学そのものを破砕することである。》

つまり、〝無条件降伏〟政策は、敵国に賠償金や領土割譲というペナルティーを課すだけでなく、敵国の政治制度の抜本的改革、さらに進んで敵国の「哲学の破砕」すなわち「精神的武装解除」までも意図するものであった。そのために、予《あらかじ》め戦後処理の具体的な条件を示さず、一切の交渉抜きで敵国に降伏を受諾させ、しかるのちに連合国軍が一方的に敵国を管理し、〝国家改造〟を行なうという方式を考え出したのである。

五百旗頭《いおきべ》真著『米国の日本占領政策（上・下）』によると、「無条件降伏」政策には四つの柱があったという。第一は、敗者の発言権をすべて奪い去ること。勝者が何でもできる権利を確保すること。そのために第二に、敵国の長期無力化、半永久的武装解除を行なうこと。第三には、今後戦争を起こすことができないようにその国の社会的基盤を完全に破壊すること。そして敵国を新しい国家として改造する。当時、アメリカの財務長官モーゲンソーは、ドイツの工業を完全に破壊して農耕と牧畜の国にすればいいというプランを立てている。このプランは余りにも苛酷すぎるということで結局排除されたが、実際には日本の占領政策にも影響を及ぼした。そして第四に、これらの政策を実行するために長期占領して占領下で徹底した改革を行なうこと。

これらのことを実現するための国際法上の名目として、相手国の無条件降伏が必要だと連合国は考えたのである。

この〝無条件降伏〟政策の本質を、チャーチル首相は一九四五年（昭和二十年）六月三十日、ロンドンでの演説で極めて簡潔に述べている。つまり、〝無条件降伏〟は第一にナチ、ファシスト、日本の「抵抗力が完全に打破され、彼らがわれわれの審判と慈悲に、絶対的に従うことを意味する」と述べたのである。

連合国の「審判」に「絶対的に」従うよう国家改造を行なうとは、簡単に言えば、連合国の意のままに動く従属政権（client government）を作るということだろう。そのために日本を占領統治したGHQ（連合国最高司令官、占領軍総司令部）は、日本の伝統精神の基盤である神道を徹底的に弾圧し、一国の基本法たる憲法の改正さえ辞さなかった。これは、「占領地の法律を尊重すること」等を謳《うた》ったハーグ陸戦条約の規則を完全に蹂躙している。

実はこの〝無条件降伏政策〟とのかかわりのなかで、〝戦犯裁判〟政策は忽然《こつぜん》とその姿を現わした。

連合国側が戦犯裁判について正式に言及したのは、カサブランカ会談後の一九四三年（昭和十八年）二月十一日、チャーチル首相が〝無条件降伏〟に関連して「罪ある人々に対して法の裁きが加えられなければならない」と下院で述べた演説が最初である。その二日後、今度はルーズベルト大統領がやはり〝無条件降伏〟に関連して「罪ある野蛮な指導者層に刑罰を加える方針である」と演説した。

すなわち〝戦犯裁判〟は、ドイツ、イタリア、日本の現存する政府を否認するとともにこれを抹殺し、その後に従属政権を樹立するという〝無条件降伏〟政策の不可分の一環として、だんだんと成長してきたのである。

■「戦勝国の戦争犯罪も裁かれるべきだ」（ケルゼン博士）

それでは、連合国側は〝戦争裁判〟政策をどのように具体化させていったのか。

カサブランカ会談から十カ月後の一九四三年（昭和十八年）十月三十日、連合国はドイツを対象とした「モスクワ宣言」を発表した。同宣言には、国際法に規定された「通例の戦争犯罪」を犯したドイツ軍将兵、ナチス党員をその犯罪がなされた国に引き渡し、その国の裁判によって処罰する旨が明記されていた。しかし、この宣言にはある致命的な欠陥があった。連合国側の戦争犯罪人をどうするかについて全く言及していなかったのである。

常設国際司法裁判所（PCIJ）規程作成のため一九二〇年、オランダのハーグに会同した法律家諮問委員会は、「戦争の法規慣例に違反したかどで訴追されるものを裁判するにあたっては、戦勝国も戦敗国も、ともに公平な裁判所においてこれを裁判しうるものでなければならない」という〝希望〟を表明していた。にもかかわらず、第二次世界大戦において連合国は、敵国の戦争犯罪人だけを裁く意向を表明し、連合国側の交戦法規違反者については全く口を閉ざしてしまったのだ。国際法の大家である米カリフォルニア大学の**ハンス・ケルゼン教授**は当時、こう指摘した。

《モスクワで調印された三国宣言［モスクワ宣言］の要求するものは、敵国の戦争犯罪人にたいする戦勝国の裁判管轄権《かんかつけん》である。……戦争中、枢軸《すうじく》諸国の憎むべき犯罪の犠牲となった国民が、これらの犯罪人を罰するために、自己の手に処罰権を握りたいと望むのは、無理からぬ話である。しかし戦争終結後は、われわれは再び、つぎのことを考慮する心の余裕をもつであろう。すなわち、被害を受けた国が、敵国国民にたいして刑事裁判権を行使することは、犯罪者側の国民からは、正義というよりはむしろ復讐であると考えられ、したがって将来の平和保障の最善策ではない、ということである。戦争犯罪人の処罰は、国際正義の行為であるべきものであって、復讐にたいする渇望《かつぼう》を満たすものであってはならない。戦敗国だけが自己の国民を国際裁判所に引き渡して戦争犯罪にたいする処罰を受けさせなければならないというのは、国際正義の観念に合致しないものである。戦勝国もまた戦争法規に違反した自国の国民にたいする裁判権を独立公平な国際裁判所に進んで引き渡す用意があって然るべきである。》（『パル判決書（上）』pp.239～240.）

戦犯裁判が「将来の平和保障のため」であるならば、「戦勝国もまた戦争法規に違反した自国の国民に対する裁判権を独立公平な国際裁判所に進んで引き渡す用意があって然るべきで」あったのである。

一九四五年（昭和二十年）二月四日から十一日までソ連領クリミア半島ヤルタにおいて開かれた「ヤルタ会談」（米大統領ルーズベルト、英首相チャーチル、ソ連首相スターリン）で、「すべての戦争犯罪人を正当かつ迅速に処断する不動の方針」が明らかにされたが、この「すべての戦争犯罪人」にはもちろん連合国の戦争犯罪人は含まれていなかった。

かくして連合国は自分たちの戦争責任は免責し、敵国の戦争犯罪だけを裁くということを決定したが、どのような根拠と名目、どのような方法で誰を裁くかについてはさまざまな意見があり、一致を見ていなかった。特にアメリカやイギリスは、通例の戦争法規違反者ばかりでなく、ドイツの指導者たちを戦争犯罪人として裁く意向を表明していた。しかし、アメリカ連邦最高裁判所判事ロバート・ジャクソンが認めていたように「[敗戦国の指導者を]いかに処罰するかに関しては、条約も先例も慣習も存在していなかった」のである。

そこで連合国の米英仏ソ四カ国代表は、ドイツが降伏してから約二カ月後の六月二十六日、ロンドンで「軍事裁判に関する国際会議」を開催した。連合国はドイツの戦時指導者を犯罪者としてまず捕まえ、それから彼らがどのような罪を犯したかについて協議したことになる。まるで泥縄だ。通称「ロンドン会議」と呼ばれるこの会議に出席した各国代表は、米国連邦最高裁判所判事ロバート・H・ジャクソン、英法務長官ジョウィット、仏大審院判事ロベール・ファルコ、ソ連最高裁判所副長官I・ニキチェンコであった。

米英両国はいわゆる英米法系、フランスとソ連は大陸法系といって相互に法制度が違う。そのような国々が集まって戦犯のための国際軍事裁判所を設立するのは前例がなく、計十六回開催されたロンドン会議は終始困難に満ちていた。当時の国際法の常識からすれば、勝者が敗者を犯罪者として裁くことなどできるはずもなく、フランスなどは戦争裁判そのものに消極的であった。しかし、アメリカ代表ジャクソンの強い主導のもと、八月八日ついに合意に達し、「欧州枢軸諸国の重大戦争犯罪人の訴追及び処罰に関する協定」（ロンドン協定）が締結され、ニュルンベルク条例が起草された。同条例第六条には、「次に掲げる諸行為又はそのいずれかは、本裁判所の管轄に属する犯罪とし、これについては個人的責任が成立する」と規定されており、戦争法規違反などの「通例の戦争犯罪」以外にも、

①「平和に対する罪」と「人道に対する罪」を戦争犯罪とする

②枢軸国指導者は即決処刑ではなく国際軍事裁判所方式によって処罰される

③国家が犯したこれらの犯罪について、政府の責任者など戦争指導者と目される個人が刑事責任を追及される

④「共同謀議」罪を導入する

——といった、従来の国際法では想定されていなかった概念が導入された。連合国はたった四カ国の代表によって、今までの国際法と異なる「法」らしきものを作り上げてしまったのである。

■「戦犯裁判は負けることを犯罪とした」（モントゴメリー子爵）

この連合国の行為がどれほどひどいことであったか。卑近な例にたとえて言えば、時速六十キロを高限と定めていた道路を六十キロで走っていた車に対し、「これからこの道は時速四十キロを高限とする。スピード違反は重大な犯罪であり、死刑とする。また、同乗者も一緒に乗っていた以上、罪を犯したことにする」として刑の執行を言いわたした。

後から勝手に作った法律で、その法律ができる前の行動を犯罪とされてはたまったものではない。このため、法治主義を採用した近代国家においては、国内法上、遡及《そきゅう》的立法の禁止は刑法の基本原則の一つとなっている。この原則はアメリカの憲法の第一条にも定められており、「法ナケレバ罪ナク、

法ナケレバ罰ナシ」(nullum crimen sine lege, nulla poena sine lege) というラテン語の法諺《ほうげん》で表現されている。連合国は、この事後立法禁止の原則をいとも簡単に踏みにじったのである。

また、このロンドン会議では一九四三年(昭和十八年)十月の「モスクワ宣言」以来受け継がれてきた方針――敗者のみを裁き、勝者たる連合国側の戦争犯罪はすべて免責する――を公式に採用した。国際法上、戦争は犯罪でなかったにもかかわらず、戦争に負けた日本人は戦争をしたことで犯罪者とされ、戦争に勝ったアメリカ人は同じことをしても罪を問われないとしたのである。勝者も敗者も、権力者も一般庶民も何ら区別することなく、等しく適用されるから「法」は「法」たり得るのであって、敗者にしか適用されないのではそれは「法」とは呼べない。

敗者であるが故に戦争犯罪人として裁かれる――その方針は、とりわけ連合国側の軍人に複雑な感想を抱かせることとなった。イギリスの子爵**モントゴメリー元帥**は次のような声明を出している。

《ニュルンベルク裁判は、戦争をして負けることを犯罪とした。敗者側の将軍たちは裁判に付され、絞首刑に処せられるというわけだからだ。》(ハンキー卿『戦犯裁判の錯誤』pp.231~232.)

また、東京裁判終結後、離日の挨拶のために訪れたオランダのレーリンク判事に対して、GHQ参謀第二部(G2)部長の**C・A・ウィロビー将軍**も次のような愚痴をこぼしている。

《この裁判は歴史上最悪の偽善だった。こんな裁判が行われたので、自分の息子には軍人になることを禁じるつもりだ。[なぜ東京裁判に不信感を持ったかと言えば]日本が置かれていた状況と

同じ状況に置かれたならば、アメリカも日本と同様戦争に訴えたに違いないと思うからである。》

（ベルト・V・A・レーリンク、*The Tokyo Trial and Beyond*, p.85.）

ウィロビー将軍はマッカーサー元帥の熱烈な信奉者であり、対日謀略や検閲《けんえつ》を担当するなど占領政策遂行の上で重大な役割を果たした人物である。その将軍から見ても、敗者だけを犯罪者として裁く東京裁判のやり方は「歴史上最悪の偽善」と映ったのである。

■「国際法という文明は圧殺された」（パール判事）

それにしても、何故アメリカは事後法禁止の原則を侵してまでもドイツを戦争犯罪国家として裁こうとしたのか。

究極の目的は、ドイツに、連合国の「審判と慈悲に絶対的に従う」従属政権を樹立するためであったことは言うまでもないが、より直接的な理由もあった。ジャクソン連邦最高裁判事はロンドン会議で、アメリカ政府の本音を図らずも次のように述べている。

《ドイツはアメリカとの条約に違反して、アメリカを攻撃したり侵略したりしたわけではありません。アメリカがこの戦争で連合国側に与《くみ》したのは、ドイツが戦争に訴えたことをわれわれが当初から違法だと見做《みな》しており、国際平和と秩序を不法に脅すものだと考えていたからであります。われわれが、ドイツの攻撃下にある諸国民に援助の手を差し延べ続けた際にも、国務長官やスチムソン陸軍長官や法務長官の私どもはこうした援助を正当化するために、この［ドイツの］戦争が最初から違法であり、不当かつ不法に攻撃されている人々を援助することは決して違法ではない、といい続けてきたのであります。

不平があったからといって、ドイツが侵略戦争を開始したことは許されるべきではありません。われわれはドイツに不平があったかどうかを裁判しようとしているのではありません。たとえ本当にドイツに不平があったとしても、世界の平和を脅すことによって、不平を解消すべきではなかったのです。いまや戦争は終わり、われわれはドイツの侵略を粉砕しました。いまこそわれわれは、この戦争が侵略という違法な企てであった事実を証明したいのであります。》(『勝者の裁き』p.68.)

米独関係に限定すれば、侵攻戦争を先に仕掛けたのはアメリカの方だった。

一九四一年(昭和十六年)九月四日、大西洋上でアメリカの駆逐艦グリーア号とドイツの潜水艦が撃ち合った。このときは双方損傷がなかったが、十月十七日に再度戦闘があり、アメリカの駆逐艦カーニ号が撃破され、乗員十一名が行方不明となった。さらに十一月三十日、アメリカの駆逐艦リュベン・ゼームス号が、今度は撃沈され乗員百十五名が戦死した。

ところが、驚いたことに、最初の事件以来アメリカ軍内に憤激の声はほとんど上がらない。不審に思ったアメリカ上院海軍問題委員会は一連の質問状を海軍作戦部長H・R・スタークに発し、事件が米軍の挑発によって起こったことを突き止めた。ルーズベルト大統領は第二次大戦に参戦したいがために、ドイツを挑発し攻撃まで仕掛けていたのである。こうした経緯から、自国の対ドイツ参戦を正当化するためにもアメリカはドイツの戦争を不法だと決めつけなければならなかったのだ。

ロンドン会議の議事録を読んだ英国の**元内閣官房長官ハンキー卿**は次のように批判している。

《アメリカ政府は、これらの裁判によつて、第二次大戦が当初から、ナチ・ドイツのほとんど類例がないくらい公然たる侵略戦争であり、したがつてルーズベルト大統領の武器貸与制ならびに大戦に対する政策全般が正当づけられるということを証明するのに躍起となつていたようである。》(『戦犯裁判の錯誤』p.32.)

こうして連合国はロンドン会議において、ドイツの指導者を裁くための新しい犯罪概念「平和に対する罪」と「人道に対する罪」を導入したニュルンベルク条例を定め、一九四五年(昭和二十年)十月二十日、ドイツでニュルンベルク裁判を開廷した。

開廷された国際軍事裁判は、「世界平和のため」と言いながら、あくまで「審判と慈悲に、絶対的に従う」政権を相手国に樹立するという連合国の〝無条件降伏政策〟の遂行という政治目的が色濃く反映されたものであり、おおよそ次のような特徴をもっていた。

①裁判の基本目的は、戦勝国(連合国)の「正義」と戦敗国(枢軸国)の「邪悪」とを明確にし、第二次大戦を連合国の「聖戦」として示すことにある。
②このため、裁判を戦敗国の言い分を宣伝する場としてはならない。
③裁判では、戦勝国の戦争責任は追及されてはならない。
④裁判の理論的根拠は国際法、刑法の批判に耐え得るものでなければならないが、「連合国の正義に基づいた国際秩序」確立のためにも戦勝国は立法する権限をもつ。

⑤相手国が無条件降伏をした以上、戦勝国はオール・マイティの権限を有する（何でもできる）。戦勝国は、無条件降伏をした戦敗国を国際法上の一種の禁治産国家とみなし、国際法を適用しない。

東京裁判はニュルンベルク裁判の「太平洋版」とも呼ばれ、以上の基本骨格は東京裁判にもそのまま当てはまる。この経緯をつぶさに検討したインド代表の**ラダビノッド・パール判事**は、連合国の「戦争裁判」政策を次のように総括した。

《勝者によって今日与えられた犯罪の定義に従っていわゆる裁判を行うことは敗戦者を即時殺戮した昔とわれわれの時代との間に横たわるところの数世紀にわたる文明を抹殺するものである。かようにして定められた法律に照らして行われる裁判は、復讐の欲望を満たすために、法律的手続を踏んでいるようなふりをするものにほかならない。それはいやしくも正義の観念とは全然合致しないものである。かような裁判を行うとすれば、本件において見るような裁判所の成立は、法律的事項というよりも、むしろ政治的事項、すなわち本質的には政治的な目的にたいして、右のようにして司法的外貌を冠《かぶ》せたものである、という感じを与えるかもしれないし、またそう解釈されても、それはきわめて当然である。》（『パル判決書（上）』pp.268～269.）

■「日本の有条件終戦」を認めていたアメリカ国務省

それでは次に、連合国の「審判と慈悲に、絶対的に従う」従属政権を日本に樹立するという政治目的を秘めた占領政策が、日本に対してどのように行なわれたのかを追ってみたいが、その前に触れておかなければならないことがある。「日本は無条件降伏をしたのかどうか」ということである。

＊

〝無条件降伏政策〟に基づいた〝戦犯裁判〟政策は当初ドイツを相手に考案されたが、その政策を日本にも適用することを連合国が初めて公式に声明したのは、一九四三年（昭和十八年）十一月の「カイロ宣言」においてであった。

ルーズベルト大統領、チャーチル首相、蔣介石中華民国主席による同宣言には、この戦争は「邪悪な」日本を罰するための連合国による「聖戦」だとする考え方に基づき、「三大同盟国は、日本国の侵略を制止し且之を罰する為今次の戦争を為しつつあるものなり」と明記されてあり、その末項には、「この戦争では日本の無条件降伏をもたらすに必要な重大、かつ長期の行動を続行すべし」と記されていた。この時点では、ルーズベルト大統領はあくまで日本に無条件降伏を求めていた。

ところが、一九四五年（昭和二十年）四月十二日にルーズベルト大統領は死亡し、トルーマン副大統領がこれに代わった。以後、日本政府をいかなる形で降伏させるかという終戦処理方針を巡って、グルー国務次官ら知日派と、ラティモア、マーシャル参謀総長ら左派（中国派）が激しく対立した。左派グループはあくまで無条件降伏を求めていたが、知日派は違った。例えば、ダナー・ジョンソン米軍心理作戦部長は次のように国務省に進言し、当時のアメリカのマスコミ（『ニューヨーク・タイムズ』紙や『デイリー・ワーカー』紙など）もこれを支持した。

《俘虜になった日本軍将校の話では、「日本は天皇と天皇制とを存置させるという条件なら降伏する用意があるが、もし日本を共和国にするというなら玉砕まで行くだろう」とのことであるから、この際、条件付降伏を勧告してはどうか。》（『東京裁判の正体』p.202.）

結局、こうした知日派の意見が国務省内で優勢となり、陸軍長官スチムソンがトルーマン大統領に対して同年七月二日、「対日計画案」を提出。その計画案には、「本土上陸作戦を実行すれば、日本は気違いのように最後の抵抗をするだろう。その結果、アメリカ軍は五百万の兵力を要し、死傷者は百万以上と予想されるので、この際、これまでの〝日本政府の無条件降伏〟を変更し、〝日本軍の無条件降伏〟を確保するために日本政府に降伏条件を示す」と記されてあり、日本政府に降伏を呼びかける場合の宣言案が添付されていた。この宣言案が後の「ポツダム宣言」となったのである。こうした経緯からも明らかなように、ポツダム宣言は日本政府に条件付降伏――宣言の文言上は条件付終戦と解釈すべきもの――を求めたものであった。

その証拠に、「ポツダム宣言」についてアメリカ国務省が作成した「一九四五年七月二十六日の宣言と国務省の政策の比較検討」という文書を挙げることができる。ポツダム宣言が「有条件」であることに対して国務省が明らかに困惑していることが次の文面からも窺える。

《この宣言は日本国および日本国政府に対し降伏条件を提示した文書であって、受諾されれば国際法の一般規範により国際協定をなすものであろう。国際法では、国際協定中の不明確な条項はその条項を受諾した国に有利に解釈されている。条件を提示した国は、その意図を明確にする義務を負う。国務省の政策は、これまで無条件降伏とは何らの契約的要素も存しない一方的降伏のことだと考えていた。》

国際法上、「ポツダム宣言」の条項は、受諾した国（日本）に有利に解釈されることになり、日本政府が「無条件降伏をしたのは軍隊だけであって、政府ではない」と解釈してもその解釈を否定することはできない。とするならば、連合国の政策に一切黙って従う〝無条件降伏〟方式は「ポツダム宣言」によって変更されてしまったことになる、と国務省は分析していたのである。

■ポツダム宣言に示された日本の「条件」

「ポツダム宣言」が日本政府の無条件降伏を意味しないとしたならば、当時の日本政府はどのような条件で連合国との休戦に応じたのか。

ポツダム宣言第五項には「吾等ノ条件ハ左ノ如シ、吾等ハ右ノ条件ヨリ離脱スルコトナカルベシ……」と規定され、第六項以下に相互の権利・義務を列挙している。

東郷外相は、ポツダム宣言の提示する条件を日本国政府が受諾することについて、「（日本が連合国と）対等の立場において条件をのむ一種の条約の締結であり、連合国は日本が国家として無条件降伏をすることを要求しているのではない」と理解し、そのような説明を行なっている。

東京裁判で弁護人を務めた菅原裕氏は、東京裁判との関連で、日本側の義務、つまり連合国側の権利を次のように説明している。

《日本国の義務（連合国側の権利）》

①「日本国国民ヲ欺瞞シ誤導シテ世界征服ノ挙ニ出デシメタル者ノ権力及ビ勢力ハ永久ニ除去セ

ラレザルベカラズ」（第六項）——本項は各個人について具体的にいうものであること明らかであるから一般的、概括的に指定した追放処分の如きは本項の趣旨を逸脱した、権利の濫用ともいうべき不法な行為であったことはいうまでもない。

②「連合国ノ追ツテ指定スベキ日本国領域内の諸地点ハ、吾等ガ茲ニ指示スル根本的目的ノ達成ヲ確保スル為占領セラルベシ」（第七項）——本項が諸地点と明記せるにかかわらず、連合国軍は、日本の全領域を占領した。これは明らかに本条項違反であった。

③「〝カイロ宣言〟ノ条項ハ履行セラルベシ」（第八項）

④「日本国ノ主権ハ、本州、北海道、九州及び四国並ニ吾等ノ決定スル諸小島ニ局限セラルベシ」（第八項）——本項はカイロ宣言ならびにヤルタ協定の実施として日本より台湾、樺太、千島を剝奪したものであるが、日本が本来領有し、もしくは堂々たる講和条約によって取得しすでに数十年にわたり国際的に公認せられているこれらの島嶼を一方的宣言や秘密協定によって奪い去ることは明らかに国際法の蹂躙であり、かくの如く戦勝国が無制限に過去にさかのぼっていっさいの公認されている現実を否認するとすれば、いずれの時にか国際秩序の安定があり得るであろうか。またこれは一九四一年八月英米が宣言した、大西洋憲章第二項の「関係国民の自由に表明せる希望と一致せざる、領土的変更の行なわるることを欲せず」に違反するものである。

⑤「日本国軍隊ハ完全ニ武装ヲ解除セラル」（第九項）

⑥「吾等ノ俘虜ヲ虐待セル者ヲ含ム一切ノ戦争犯罪人ニ対シテハ厳格ナル裁判ガ行ハルベシ」（第十項）——本項に関しては東京裁判において二つの点で問題になった。一つはいわゆる「平和に

対する犯罪」なるものはポ宣言発表当時国際法上、戦争犯罪の概念の中に入っていたかどうかということで、他はチャーター［極東国際軍事裁判所条例］の内容その他東京裁判のやり方は「厳格ナル裁判」であるかどうかということであった。

⑦「日本国政府ハ日本国国民ノ間ニ於ケル民主主義的傾向ノ復活強化ニ対スル一切ノ障礙ヲ除去スベシ」（第十項）——ポツダム宣言受諾に際し日本政府の天皇制に関する釈明要求に対し八月十一日の国務長官の解答には明らかに天皇制ならびにその権限の存続（唯一の例外は降伏条項実施の最高司令官の権力下に服すこと）は承認されている。したがってここにいわゆる「民主主義的傾向」は従来存在しかつ認められてきたところの天皇制の下における民主的傾向——民主主義もしくは民衆主義的傾向さらに具体的には帝国憲法所定の立憲政治議会政治を指すことは明らかである。ゆえに「主権在民」の日本国憲法を強要制定せしめたことは本条項を逸脱し日本国民をして義務なき事を行わしめたというべきである。

⑧「日本国ヲシテ戦争ノ為再軍備ヲナスコトヲ可能ナラシムル虞アル如キ産業ハ許サレズ」（第十一項）

⑨「日本国政府ハ直《ただち》ニ全日本国軍隊ノ無条件降伏ヲ宣言シ」（第十三項）——無条件降伏はカイロ宣言には日本国とあったが、本項によって日本国軍隊に変更されたことはまことに明瞭である。

⑩「右ノ行動ニ於ケル同政府ノ誠意ニ付適当且ツ充分ナル保証ヲ提供センコトヲ同政府ニ対シ要求ス」（第十一項）》（『東京裁判の正体』pp.36～37.）

つまり、「ポツダム宣言」受諾に伴い日本政府は、日本軍の武装解除の義務、もともと日本に存在した民主主義的傾向を復活・強化するに際して邪魔になるような制度を除外するなどの義務、国際法上「厳格なる」戦犯裁判に応ずる義務、等を負ったことになる。

また、連合国側は列挙された条項を、日本政府に要求できる権利を有したことになるが、それは連合国側が無制限の権利を有していたということではもちろんない。あくまでポツダム宣言に示された条項についての権利だけであり、連合国もまたポツダム宣言を逸脱することは許されないはずなのである。本書との関連で言えば、連合国側は国際法上「厳格なる」戦犯裁判を行なう権利があり、もし裁判が国際法上「厳格なる」裁判でなければ、それを拒否する権限を日本政府は有していた。

それでは、日本政府はどのような権利を有していたのか。あるいは、連合国側はどのような義務を負っていたのか。菅原弁護人は更に次のように列挙している。

《 **日本国の権利**（連合国の義務）

①「〝カイロ宣言〟ノ条項ガ履行セラルル」——第八項の結果、同宣言中の「右連合国は自分のために、なんらの利得をも欲求するものに非ず。また領土拡張のなんらの念をも有するものに非ず」の個所は日本の利益のために援用し得るものである。ゆえにベルサイユ条約による第一次世界戦争以後日本が取得したる島嶼や、台湾、澎湖島は盗取したのではなく、正当なる日清講和条約により取得したものなることが判明したならば、この後段の剝奪措置が適当であるかどうかの再検討や原状回復措置も後日に残ることになる。いわんやヤルタ秘密協定による千島、樺太の奪取の如きは明らかに本条項と抵触するもので当然無視さるべきものと信ずる。

②「日本国軍隊ハ完全ニ武装ヲ解除セラレタル後各自ノ家庭ニ復帰シ平和的且ツ生産的ナル生活

ヲ営ムノ機会ヲ得シメラルベシ」（第九項）――ソ連領内に移送された日本軍人及び一般人の総数は五十七万五千人に及んでいる。かくのごときはたんにソ連一国の不信はいうまでもなく、連合国全体の本条約違反というべきである。

③「吾等ハ日本人ヲ民族トシテ奴隷化セントシ、又ハ国民トシテ滅亡セシメントスルノ意図ヲ有スルモノニ非ズ」（第十項）――占領統治の苛酷は本条項違反たるものが多かったが、占領憲法の強要の如きはその最たるものであった。当時わが政府も国会も一片の抗議さえ出し得ないほど奴隷化されていた。

④「言論、宗教及ビ思想ノ自由並ニ基本的人権ノ尊重ハ確立セラルベシ」（第十項）――各般の占領政策は完全に本項に違反したことは多言を要しない。

⑤「日本ハ其ノ経済ヲ支エ且ツ公正ナル実物賠償ノ取立ヲ可能ナラシムルガ如キ産業ヲ維持スルコトヲ許サルベシ」（第十項）

⑥「右目的ノ為メ原料ノ支配ハ許サザルモ、ソノ入手ハ許可セラルベシ」（第十一項）

⑦「日本国ハ将来世界貿易関係ヘノ参加ヲ許サルベシ」（第十一項）

⑧「前記諸目的ガ達成セラレ、且ツ日本国国民ノ自由ニ表明セル意思ニ従イ平和的傾向ヲ有シ、且ツ責任アル政府ガ樹立セラルルトキハ、連合国ノ占領軍ハ直ニ日本国ヨリ撤収セラルベシ」（第十二項）》（『東京裁判の正体』pp.37～38.）

「ポツダム宣言」受諾に伴い日本政府は、武装解除した日本軍将兵が無事に帰国できるように連合国が取り計らうよう要求する権利や、日本人の言論、宗教、思想の自由を確保する権利や、将来、自由な世界貿易に参加する権利、「平和的傾向を有し、かつ責任ある」という条件付で日本国民の自由に表明した意志に基づいた政権を樹立する権利、などを有していたことになる。

■連合国の許しがたい背信行為

このような日本政府の条件付終戦を意味する「ポツダム宣言」を、連合国側が日本政府に通告したのは、一九四五年（昭和二十年）七月二十六日のことであった。この宣言を日本政府は八月十四日に受諾し、翌十五日、昭和天皇の「玉音放送」を通じて日本国民は敗戦を知った。

当然のことながら日本政府は、ポツダム宣言の受諾が我が国の敗戦を意味していたことは判っていたが、その「敗戦」はあくまで「条件付」だと受け止めていた。このため日本政府は、連合国の戦後処理がポツダム宣言の「条件」を忠実に履行するように監視し、そうでない場合には厳重に抗議すべきだと考えていた。

ところが、ポツダム宣言を日本政府が受諾した直後から、連合国側、特にアメリカ政府の様子がおかしくなってくる。九月二日、米戦艦ミズーリの艦上で、交戦双方の政府代表が、政治的宣言であるポツダム宣言を条約化することによって法的拘束力のあるものとする「降伏文書」に調印した。日本政府は「ポツダム宣言」を受諾し、「日本国軍隊の無条件降伏」を一条件に休戦することに合意したのだから、調印したのは国際法上厳密に言えば「休戦協定」である。それを連合国側は意図的に「降伏文書」と名付けたのである。この言葉の言い換えが何を意味するのか。アメリカ政府は九月六日、トルーマン大統領の承認を得て「連合国最高司令官の権限に関するマッカーサー元帥への通達」を発した。その通達にはなぜか、「われわれと日本との関係は、契約的基礎の上に立っているのではなく、無条件降伏を基礎とするものである。貴官の権限は最高である」と記されていた。

アメリカ政府が初めから日本政府を騙すつもりであったのかどうかは不明だが、「降伏文書」にサインし、日本側が武装解除を始めた途端、アメリカは対日姿勢を急変させた。「日本政府は無条件降伏をしたのだから、占領政策を遂行する上で、日本政府の権利に配慮する必要など全くない」と言い放ったのである。正式な国際条約を踏みにじる許しがたい背信行為と言えよう。

この通達を受け取ったマッカーサー元帥は九月十五日、「日本政府とマッカーサー総司令部が占領行政をめぐって交渉している印象を与えるニュースを配信した」という理由で、発行停止処分を科した同盟通信社の業務再開を許可するにあたって、次のような声明を発表した。

《マッカーサー元帥は、連合国はいかなる点においても日本国と連合国を平等とみなさないことを、日本が明確に理解するよう希望する。日本は、文明諸国間に地位を占める権利を認められていない敗北せる敵である。最高司令官は日本政府にたいして命令する。交渉はしない。》

この声明を聞いて驚いたのは日本政府である。ポツダム宣言受諾に伴う日本の国際的地位について十分に研究していた外務省の萩原徹条約局長は、

《日本は国際法上、条件付終戦、せいぜい有条件降伏をしたのである。何でもかんでもマッカーサーのいうことを聞かねばならないという、そういう国として無条件降伏をしたわけではない。》

（佐藤和男「東京裁判と国際法」、『大東亜戦争の総括』p.207.）

と反論したが、GHQの怒りを買って萩原局長は左遷を命じられてしまう。連合国側は「ポツダム宣言」を遵守する気がないのか——日本政府部内に暗い影が差し始めた。

■「ポツダム宣言」違反の検閲

日本を「文明諸国に地位を占める権利を認められていない」「敗北せる敵」として扱う、つまり〝無条件降伏〟政策を日本に適用することを表明したGHQは九月十九日、今度は、検閲指針を示した「日本に対するプレス・コード」を発令した。

以後、昭和二十七年（一九五二年）四月二十八日の占領終了まで約七年間、「ポツダム宣言」に「言論の自由の尊重」（第十項）が謳われていたにもかかわらず、GHQは以下のような指針に基づき、連合国批判、東京裁判批判につながる意見の一切を原則的に検閲で封じ込めてしまったのである。

1、SCAP（連合国最高司令官または占領軍総司令部）批判

2、極東国際軍事裁判［東京裁判］批判

極東国際軍事裁判に対する一切の一般的批判、または軍事裁判に関係のある人物もしくは事柄に関する特定の批判がこれに相当する。

3、SCAPが日本国憲法を起草したことに対する批判

4、検閲制度への言及

5、合衆国に対する批判

6、ロシアに対する批判
7、英国に対する批判
8、朝鮮人に対する批判
9、中国に対する批判
10、他の連合国に対する批判

以上、最初の十項目だけ挙げたが、全部で三十項目からなる検閲指針には「連合国の戦前の政策の批判」（13項）、「戦争弁護の宣伝」（16項）、「大東亜に関する宣伝」（20項）、「戦争犯罪人の正当化または弁護」（22項）なども含まれている。

しかもこの検閲は、「検閲制度への言及」を厳禁した上で実施されるという、極めて周到かつ隠微な形をとって行なわれた。戦前の日本の検閲は伏せ字であったから、国民は検閲が行なわれていることを明らかに認識することが出来た。しかしGHQの検閲は、検閲制度そのものを周到に隠したまま行なわれたのである。この検閲制度によって日本のあらゆる新聞、雑誌等のジャーナリズムは、ほぼ完全に占領政策批判の姿勢を放擲《ほうてき》させられた。

例えば、昭和二十六年、田岡良一博士が訪米し、前出のハンス・ケルゼン博士と意見を交換した際に、ケルゼン博士は日本が「国をあげて〝無条件降伏〟した」という俗説の誤謬《ごびゅう》を「笑った」が、田岡博士がその旨を「会見記」に記したところ、原稿を依頼した「朝日新聞」は、これが占領政策批判と見做《みな》されることを恐れて自主的に掲載を見合わせたのである（江藤淳『落葉の掃き寄せ／一九四六年憲法―その拘束』p.359.）。

かくして検閲によって日本側の発言権を奪った上で、昭和二十年九月二十二日にアメリカ政府は、有名な政策文書「降伏後における米国の初期対日方針 United States Initial Post-Surrender Policy for Japan」を公表した。その第一部「究極の目的 Ultimate Objectives」には次のように記されている。

《日本国に関する米国の究極の目的にして初期における政策が従うべきもの左のごとし。

(イ) 日本国が再び米国の脅威、または世界の平和および安全の脅威とならざることを確実にすること。

(ロ) ……他国家の権利を尊重し、国際連合憲章の理想と原則に示されたる米国の目的を支持すべき、平和的かつ責任ある政府を、究極において確立すること。……》

日本は、アメリカの植民地フィリピンを解放し、アメリカの年来の国家目的である太平洋一元支配を阻んだという意味で「脅威」であった。だからアメリカは再び日本がアメリカの脅威とならないこと、すなわち「アジアによるアジア」という理想を抱いて「アメリカによるアジア支配」を覆そうという意図や能力を持たないようにすること、そのために「米国の目的を支持する」従属政権を日本に確立すること、それがアメリカの対日戦後処理の究極の目的とされたのである。

GHQは圧倒的な権力を背景に、検閲によって「日本側の言論の自由」を奪ったまま、この目的を達成すべく「民主化」「非軍事化」を名目とした政策を次々と打ち出し、日本政府に実行を迫った。その政策は、東京裁判だけでなく、神道排除を目的とした神道指令、これまでの歴史・地理・修身教育の廃止と占領政策を支持するような歴史・社会科教育の導入、日教組の結成促進、日本の経済競争力を弱める意図を含んだ財閥解体と労働組合の結成助長など多岐にわたり、その総仕上げが、日本の国としてのありようを定めた大日本帝国憲法の廃止とGHQ製の現行憲法の強制であった。

つまり、アメリカ政府は「ポツダム宣言」に伴い「無条件降伏」政策が変更を余儀なくされていることを承知しながら、日本政府が休戦に応じた途端、「日本は無条件降伏をした」と悪質なデマを流し、なおかつ検閲によって日本側の「発言権」を奪って反論できないように追い込んだ上で、「ポツダム宣言」を大きく逸脱して実質的な「無条件降伏」政策を日本に強要したのである。連合国、特にGHQの政策を主導したアメリカという国が、自国の政治目的を達成するためには、国際条約（「ポツダム宣言」の内容を条約として法的拘束力のあるものとした休戦協定・連合国側が「降伏文書」と名付けたもの）さえいとも簡単に反故《ほご》にした歴史的事実を、私たちは後々まで忘れてはならないであろう。

■裁判の偽善性に悩んだソープ准将

日本政府が休戦に応じた途端、連合国は手のひらを返したように「ポツダム宣言」を無視してその占領政策を遂行しようとしたが、その無法ぶりは戦犯裁判なるものにおいても同様であった。

日本が「ポツダム宣言」を受諾した直後の八月十六日、時をおかずアメリカのマーシャル陸軍参謀総長はマニラのマッカーサーに宛てて通達を発した。ニュルンベルク裁判の際に在ドイツの米軍司令官へ通達した指令書を同封してドイツの例にならうように指示したのである。この指示は全く奇妙である。文字通り無条件降伏をしたドイツと、条件付終戦に応じた日本とでは、国際法上の立場は全く異なる。日本政府には、国際法上「厳格なる」裁判でなければ、拒否する権限があったにもかかわらず、そのような違いは初めから無視されていたのである。

以後の経過を日を追って説明しよう。

八月二十四日、アメリカ政府が日本の戦争犯罪人に対する基本政策「SWNCC五七／一」を策定。

八月二十六日、アメリカのバーンズ国務長官がワイナント駐英大使とマッカーサー司令官に、国際軍事裁判所条例第六条の規定する「重大戦争犯罪人」概念により、米国務・陸・海三省調整委員会（SWNCC）で、日本の重大戦争裁判犯罪人リストの準備が進行中であることを伝達。

八月二十九日、「連合国戦争犯罪委員会」、「極東国際軍事裁判所」の設置に関する勧告。

八月三十日、厚木飛行場に到着したマッカーサー司令官はこの日すぐに、対敵情報部のエリオット・ソープ准将らに「平和に対する罪」を犯したとされる重大戦争犯罪人の逮捕を命令。降伏文書（厳密には休戦協定）の調印を済ませないうちからマッカーサーはあらゆる対日政策に先んじて戦争犯罪人の逮捕を指令したわけで、GHQがどれほど戦犯裁判を重視していたかがこの事実からも窺われよう。

九月六日、アメリカ政府は「対日初期降伏政策に関するステートメント」を発表し、戦争犯罪人の逮捕を日本政府に再び通告。

九月十一日、GHQ法律部は、東條英機元首相ら戦時指導者三十九名を戦争犯罪容疑で逮捕。

もとより日本政府は「ポツダム宣言」を受諾するに当たって、「（連合国側の）捕虜を虐待した者を含む一切の戦争犯罪人」の処罰（第十項）は覚悟したが、ここにいわれる「戦争犯罪人」なるものは、伝統的な戦時国際法規に違反した者を指すと解釈していた。このため開戦と戦争遂行の政治的責任者ではあるが、そうした「犯罪」とは縁がなさそうな東條氏が真っ先に逮捕されたことは日本人にとって大きな衝撃であった。いったい連合国は「戦争犯罪」の概念をどのように拡張し、どのように恣意的に適用しようとしているのか、連合国は大掛かりな復讐をするつもりではないのか、という不安、不審の念が国民の間に広がり始めた。

九月三十日には、国際法の権威、信夫淳平《しのぶじゅんぺい》博士が、来るべき戦犯裁判が戦勝国の戦敗国に対する一方的なものになるであろうことを正確に予見した上で、そのような時であるからこそ国際法学者は連合国側の国際法違反にも公平に目を注ぐべきだとして次のように説いた。

《顧みるに大東亜戦争中、旧敵国側には国際法違反の行動が随分あつたやうである。無辜《むこ》の一般市民に対して行へる無差別的爆撃、都市村邑《そんゆう》の病院、学校、その他文化的保護建物の無斟酌《むしんしゃく》の破壊、病院船に対する砲爆撃等、計《かぞ》へ来《きた》らば例を挙ぐるの煩《はん》に堪へぬほど多々あつた。……

これ等の残虐行為を含む謂《いは》ゆる戦律犯に問はるべき被告に対する擬律《ぎりつ》処断は、専《もっぱ》ら戦勝国が戦敗国の彼等に対して行ふのみで、戦勝国のそれは不問に附せられるといふ現行の面白からざる偏《へん》倚《い》的制例の下にありては、公式の裁判記録の上には専ら日本の戦律犯人のみがその名を留めらるることになるが、国際法学者は別に双方の戦律犯を公平に取扱ひ、之を国際法史の上に伝へ残すの学問的天職を有すべく、即ち我国は惨敗を喫して完全無比の無武装国とはなつたけれども、国際法の学徒には尚ほ尽すべき任務が十二分に存するのである。》(「我国に於ける国際法の前途」、『國際法外交雑誌』第四十五巻三・四号、昭和二十一年三月、に掲載予定の論稿)

しかし、この信夫論文は結局GHQの検閲に引っ掛かり削除されてしまう。

十二月二日、GHQは新たに五十九人の逮捕命令を発表したが、この発表は日本国民に更なる衝撃を与えた。平沼騏一郎、廣田弘毅両元首相をはじめ陸海軍、政財官界のトップクラスが並んでいたうえ、七十二歳の元帥、梨本宮守正王殿下が指名されていたからである。ついに逮捕の手が皇族にまで及んだことを深刻に受け止めた近衛文麿元首相は次のように語った。

《大局的に考えて、一体戦争犯罪人としての逮捕命令には、従うべきものかどうか、戦勝国が何でもでき、誰でも逮捕できるというなら、ヒューマニズムも法律もあったものではない。すでに指名される理由を認めずとすれば、これを拒否すべきものと思う。然るに今日のわが国の実情では、こっちにその権利は、何一つないという考え方が風をなしているし、その熱意もどこにもない。》(児島襄『東京裁判(上)』p.72.)

この近衛元首相の言葉は、当時の日本人のGHQに対する不信感をある意味で代弁していると言えよう。前述したように、敗戦国の戦時指導者を犯罪者として裁く考え方そのものが当時極めて奇異なものであったため、日本側の不審の念は強まるばかりであった。

同様の不信は実はGHQ側にもあって、マッカーサー司令官から戦犯リストの作成を命じられたGHQ対敵情報部長**エリオット・ソープ准将**は後に次のように漏らしている。

《敵として見た場合、トウジョウをはじめ、ただ怒り、正義その他の理由だけで、即座に射殺したい一群の連中がいたことは、たしかである。しかし、そうせずに、日本人に損害をうけて怒りにもえる偏見に満ちた連合国民の法廷で裁くのは、むしろ偽善的である。とにかく、戦争を国策の手段とした罪などは、戦後につくりだされたものであり、リンチ裁判用の事後法としか思えなかった。》(児島襄『東京裁判（上）』p.7.)

戦犯容疑者をリスト・アップし、逮捕する当の責任者が、自らの行動を「偽善的」だと自覚し、これから始める東京裁判も「リンチ裁判」だと認識していたのである。そんな「偽善的」な、国際法上の根拠もあやふやなGHQの政策に対する日本側の疑念は強まるばかりであった。この不信感をそのまま放置しておけば、やがては東京裁判そのものが成り立たなくなることは十二分に予想できた。

そこでGHQは、十月二日、さらなる〝精神的武装解除〟の方策を打ち出した。「各層の日本人に、彼らの敗北と戦争に関する罪」などを「周知徹底せしめる」べく「ウォー・ギルト・インフォーメーション・プログラム(戦争犯罪周知宣伝計画)」を開始したのである。平たく言えば、日本側の戦時指導者が逮捕され、日本が犯罪国家として裁かれることについて、日本人に納得させるように徹底した宣伝を行ない、日本人をマインド・コントロールしようとしたのである。

その計画を、明星大学の高橋史朗教授は次のように説明している。

《GHQのダイク民間情報教育局長のメモ(昭和二十年十二月二十一日付)によれば、このプログラムは「戦犯容疑者の逮捕及び裁判に関連して採用される」もので、その「目的」は以下のとおりであった。

①侵略戦争を計画し、準備し、開始し、遂行もしくは遂行に荷担せる罪の露見した者の処罰は、倫理的に正当であることを示すこと。

②戦争犯罪の容疑者を訴追しつつあることは、全人類のためであることを示すこと。
③戦争犯罪人の処罰は、平和的にして繁栄せる日本の再建と将来の世界の安全に必要であることを示すこと。
④戦争犯罪人には日本国民の現在の苦境をもたらした一番大きな責任があるが、国民自身にも軍国主義時代を許し、あるいは積極的に支持した共同の責任があることを示すこと。
⑤戦争犯罪を容認した制度の復活を避けるため、日本国民の責任を明確にすること。
⑥政治家、実業家、指導的煽動家《せんどうか》など、日本国内のさまざまなグループに戦争責任があることを示すこと。
⑦戦争犯罪人は公正かつ公開の裁判を受けることを示すこと。
⑧山下奉文大将の場合のように、死刑宣告に対する予想される批判の機先を制するため、残虐行為の責任者の処罰形態の決定にあたっては、名誉を考慮するにはあたらないことを明確にすること。
⑨日本国民に戦争犯罪と戦争犯罪人に関して議論させるように仕向けること。
このように「ウォー・ギルト・インフォーメーション・プログラム」は、東京裁判が「倫理的に正当」であることを示すとともに、「侵略戦争」を行った「日本国民の責任」を明確にし、日本国民に戦争贖罪意識を植えつけることを「目的」としていた。》(『検証 戦後教育』pp.15~16.)

GHQは開戦記念日の十二月八日、日本軍の残虐行為を強調した「太平洋戦争史」の新聞各紙への掲載を始めさせ、翌九日にはラジオ番組「真相はかうだ」の放送も開始(十週連続)させるなど、あらゆる日本のメディアを動員して、「日本は犯罪国家なのだから、公職追放を受けたり、指導者が裁判にかけられ処刑されたりしても仕方がない。広島、長崎の原爆投下も、無差別爆撃も、すべて日本が戦争犯罪を犯した罰であって、悪いのは日本の方だ」と宣伝し、日本人自らがそう思うように巧妙な心理操作を加えていったのである。

■「極東国際軍事裁判所条例は国際法に基づいていない」(モーン卿)

アメリカ主導の対日占領政策が巧みに進められつつある中で、一九四五年(昭和二十年)十二月十六日からモスクワで、対日占領方針を決定するために三国外相会議が開催された。対日占領政策の主導権をめぐって米ソが激しく対立したが、最終的には十二月二十六日に締結された「モスクワ」協定に、連合国軍最高司令官の権限について「最高司令官ハ日本降伏条項ノ履行、同国ノ占領及ビ管理ニ関スル一切ノ命令並ニ之ガ補充的指令ヲ発スベシ」と規定され、アメリカ主導の対日占領政策が追認されることになった。

翌一九四六年(昭和二十一年)一月十九日、「モスクワ」協定に基づき、アメリカ統合参謀本部の命令を受けたマッカーサー司令官は、連合国軍最高司令官(占領軍総司令部)一般命令第一号として、「極東国際軍事裁判所設置に関する連合国軍最高司令官特別宣言」を発布、同時に同裁判所が行なう裁判に適用する「極東国際軍事裁判所条例」を制定・公布した。この宣言の前文において、この裁判所の設置は日本政府が八月十四日に受諾した「ポツダム宣言」と、それに基づき九月二日に調印された「降伏文書」に根拠を有するものであると謳われた。更に東京裁判は「極東における重大戦争犯罪人の公正かつ迅速な審理および処罰」を求めていて、裁判所の管轄権が「平和に対する罪」、「通例の戦争犯罪」、「人道に対する罪」に及ぶものとし、訴因の中に「平和に対する罪」が含まれている被告のみを裁判所が裁くことを初めて明らかにした。

実はこの、マッカーサー司令官によって制定された「条例」は厳密な意味での「法」ではなかった。占領軍の「行政命令」に過ぎない。厳密に言えば、国際法上、講和条約発効までは「戦争状態」が続いているので、東京裁判の本質はあくまで連合国軍の一過性の軍事行動（戦争行為）であり、「極東国際軍事裁判所」と僭称していたが、実体は占領軍の一機関たるに過ぎない。それに「条例」は当時の国際法とは全く関係ないものであった。この点についてGHQも多少の疚《やま》しさを感じていたのか、東京裁判では「裁判所条例は戦勝国の側で権力を恣意的に行使したものではなく、その制定の当時存在していた国際法を表示したものである」と言い張ったが、いくら詭弁を弄そうとも真実は隠せない。このため裁判開廷当時から批判の声が上がり、例えばイギリスの**モーン卿**は次のように論評していた。

《チャーター［極東国際軍事裁判所条例］は決して国際法を規定したものでもなく、また戦争犯罪というものを規定したものでもない。ただたんに裁判にかけられた僅かな人たちを裁くためにのみつくられたチャーターであった。》（『東京裁判の正体』p.43.）

一九八三年（昭和五十八年）五月、東京で開かれた「『東京裁判』国際シンポジウム」でもこのことが問題となり、西ドイツ（当時）のルール大学学長の**クヌート・イプセン教授**は次のように指摘した。

《平和に対する罪に関する国際軍事裁判所の管轄権は当時効力を持っていた国際法にもとづくも

のではなかった。また、当時すでに戦争に訴えることは禁止されていましたが、これについては、個人責任は確立されていなかった。戦争禁止の違反については刑法上の制裁も存在しなかった。その限りにおいて、条例は事後法であり、東京国際軍事裁判所自身によって「一般的な正義の原則」と明確に認められた「法律なければ犯罪なし」の格言に違反するものでありました。》（『東京裁判を問う』pp.40〜41.）

「平和に対する罪」などが当時の国際法に基づいたものではなく、また、戦勝国がそうした新たな罪を事後的に設けて敗戦国を裁くという権限が当時の国際法で認められていない以上、連合国に事後立法に基づいて国際軍事裁判を行なう権限はなかったはずなのである。

いずれにせよ、マッカーサー司令官が定めた「極東国際軍事裁判所条例」に対して、それが当時の国際法に照らして適法か違法かを審議し、もし違法ならば、そのような条例に基づく国際軍事裁判は「ポツダム宣言」違反だと断固拒否する権限を、ほかならぬ日本政府は有していたはずであった。しかし、マッカーサーの日本「国」無条件降伏説にたぶらかされていた日本政府や、検閲によって一切の言論活動の自由を奪われていた日本国民は抗議するすべもなかった。

かくしてＧＨＱは実定国際法を無視し、「ポツダム宣言」や国際法と関係のない「条例」を制定するなど一方的に裁判の準備を進め、昭和二十一年二月十五日、裁判官を任命、裁判長にはオーストラリアのサー・ウィリアム・フラッド・ウェッブが任命された。昭和天皇のお誕生日である四月二十九日、イギリスのコミンズ・カー検事を長とする起訴状準備小委員会によって起訴状が準備・公表され、五月三日、東京・市ケ谷台に極東国際軍事裁判所が開廷された。

公判二日目の五月四日、アメリカ人の首席検事ジョゼフ・キーナンは起訴状を朗読した。まず、A級戦犯とされた全被告は共同謀議に参加し、満洲を支配し、そこを根拠地として東アジア並びに太平洋及びインド洋を支配することを目的としていたと断定された。「彼らは、文明への宣戦布告をした」のであって、検察側の役目は、将来また戦争が日本によって起こされぬよう阻止することであって復讐や報復という低劣な目的ではない。こうキーナン検事は述べ、この裁判が（「ポツダム宣言」を国際法化した国際条約［降伏文書と名付けられたもの］と国際法一般を蹂躙しているにもかかわらず）「文明の裁き」だと称したのである。

ところで、この「文明の裁き」に関連して、欧米諸国が「文明」をどのような意味で使ってきたかについて触れておきたい。

十九世紀末から二十世紀初頭にかけて、欧米諸国はアジア・アフリカを植民地化していくにあたって、自らを普遍的「文明」の担い手と称し、異文化を「野蛮」とみなし、それらの「文明化」を自らの神聖なる使命――フランスは「文明教化の使命」、アメリカは「明白なる天意」、イギリスは「白人の責務」と称した――と呼んできた。キーナン検事がいう「文明」とは、欧米植民地支配を正当化するイデオロギーにほかならなかった。言うなれば、欧米の植民地支配を正当化した「文明」に逆らったことが、日本の「罪」だったのである。なるほどそれは欧米から見れば「罪」だったかも知れないが、アジアから見てそれは果たして「罪」だったのだろうか。

【第3章】

追及されなかった「連合国の戦争責任」

──裁判の名に値しない不公正な法手続

■ハンキー元英国内閣官房長官の憂慮

第3章ではまず、東京裁判がいかなる裁判であったのかを「法手続」の観点から具体的に検証していきたい。

「法手続」とは、誰を被告として裁くのかという「被告の選定」や、判事にはふさわしい人物が選ばれているのかといった「裁判所の構成」、証拠の採用や裁判の進め方などが適正かという「法廷運営」のあり方などのことであり、これらの要件が公正であって初めて裁判所は「法の裁き」を主張することができる。

東京裁判を批判する識者の多くがまず何よりも、「法手続上、極東国際軍事裁判所は公正な裁判所ではなかった」と指摘する。特に「被告の選定」の不公正さ、つまり連合国側の戦争責任を不問に付して日本人のみの罪を問うたことは、最も大きな問題であった。

戦勝国が自国の戦争責任を追及するわけがないではないか、という反論が聞こえてきそうであるが、極東国際軍事裁判所条例第一条には「極東ニオケル重大戦争犯罪人ノ公正カツ迅速ナル審理オヨビ処罰ノタメココニ極東国際軍事裁判所ヲ設置ス」と記されている。「極東における重大戦争犯罪人」であって「日本の重大戦争犯罪人」とされていない以上、理論的には、極東地域で戦争犯罪を犯した連合国側の人々をも被告として裁判にかけることができたはずなのだ。

それに、前述したように、戦犯裁判が「将来の平和保障の最善策」たるためには「戦勝国もまた戦争法規に違反した自国の国民にたいする裁判権を独立公平な国際裁判所に進んで引き渡す用意があって然るべきである」と述べた世界的な国際法の権威、ケルゼン教授の主張に、連合国側は耳を傾けるべきであった。

しかし、ニュルンベルク・東京の両裁判で裁かれたのは常に敗者であった。

連合国にとって裁判の目的が、戦勝国の「正義」と敗戦国の「邪悪」とを明確に区別し、第二次大戦を連合国の「聖戦」として示すことであった以上、それは当然の帰結であったろう。被告席には敗戦国の指導者しかおらず、客観的に見ればそこに座るべきトルーマン大統領もスターリン元帥も、ついにそこに座ることがなかった。

もっとも連合国側にも、自分たちの戦争責任を不問に付したまま敵国だけを裁く——その欺瞞性《ぎまんせい》に煩悶《はんもん》した公正な識者たちが少なからずいた。彼らは「なぜ被告席に座るのが敗戦国のドイツ人や日本人だけなのか。裁く自分たちの手は汚れていないのか」という問いを発することで、戦争裁判が掲げた「正義」、つまり連合国の、勝者の「正義」に強い疑問を投げかけたのである。

例えば、内閣官房長官、枢密院書記官長などの要職を歴任し、第二次大戦中は無任所の閣僚であったイギリス政界の重鎮**ハンキー卿**は当初から戦争裁判に反対し、一九四九年（昭和二十四年）十一月にはイギリスで『Politics, Trials and Errors』（日本語訳『戦犯裁判の錯誤』）を出版した。その著書の中で、次のような憂慮を表明した。

《不戦条約その他の国際条約を侵犯し、隣国に対し侵略戦争を計画し、準備し、遂行し、占領地域の一般住民を虐待し、奴隷労働その他の目的のためにその土地から追放し、個人の財産を掠奪し、軍事上の必要によって正当化されない都市村落の無謀な破壊を行うような罪を犯したことが一見明かな同盟国の政府（例えばソ連）および個人に対しても同じような裁判を行うつもりか。
このような裁判をやらないとすれば（もちろん、やるはずはない）、ニュルンベルグの政策は、敗者に適用する法律は勝者に対するそれとは別物だということを示唆しないか。哀れなるは敗者である！　これは将来の悪い先例とならないか。》（『戦犯裁判の錯誤』p.8.）

意外なことのようだが、イギリスで、ハンキー卿のこの「戦犯裁判」批判を支持する人は少数ではなかった。イギリスの**フランシス・S・G・ピゴット少将**は『戦犯裁判の錯誤』日本版に次のような序文を寄せ、戦犯裁判に対するイギリスの政界、軍部の当時の受け止め方を説明している。

《［ハンキー］卿は上院において、また新聞紙上、その他において、戦犯裁判制度そのものに対し断乎たる攻撃を行うなかで、憎悪と復讐の念を払拭すべきだという点を絶えず強調してきたが……ハンキー卿の見解を支持する人々のなかでも軍の人々はほとんど一致してこれを支持した。元陸軍参謀総長、元帥ミルン卿が亡くなる前に私と最後に会つたときの話は、彼がいかに勝者による敗者の裁判に反対していたかを示した。》(『戦犯裁判の錯誤』p.4.)

当時、少なからぬ英米の識者が勝者による裁判に疑問を感じていたということを踏まえながら、本章では、裁かれなかった連合国側の罪、とくに東京裁判を実質的に取り仕切ったアメリカの戦争責任を「開戦責任」「原爆投下」「無差別爆撃」「残虐行為」「米ソによる共同謀議」の五つの観点から順に検討を進めていきたい。

■日本空爆計画を暴いたトンプソン教授

日本は昭和十六年(一九四一年)十二月八日、アメリカから挑発を受けないのに突如として人々が平和に暮らしていたハワイを攻撃し、多数の戦闘員及び少数の非戦闘員を殺害した、許しがたいアグレッション――「挑発を受けない先制攻撃」を行なった国だと、法廷で連合国から批判された。

真珠湾攻撃を時のルーズベルト大統領が「卑劣な騙し討ち」と非難して以来、「先に仕掛けたのはジャップ(日本人の蔑称)の奴らだ。ジャップは皆殺しにされても当然だ」という論理で、米軍は投降した日本軍兵士を殺害し、都市部を無差別爆撃し、最後は原爆投下にまで踏み切った。この日本人虐殺を正当化した歴史観は、例えば、真珠湾攻撃の歴史を伝えるためにハワイに建立された「アリゾナ記念館」においても鮮明に打ち出されている。確かに大々的な「先制攻撃」を仕掛けたのは日本であった。しかし、それは「挑発を受けない」先制攻撃であったのだろうか。

ルーズベルト大統領が対独参戦のためにしきりにドイツに挑発行動を仕掛けていたことは前述したが、それは日本に対してはもっと露骨であった。

アメリカは一九三七年（昭和十二年）に支那事変が始まると、中国国民党の蔣介石《しょうかいせき》政権に借款《しゃっかん》を与え、武器を売却するなどして、日本に対する非友好的行動を続けた。更に一九四〇年（昭和十五年）初めには一個の義勇航空隊を対日抗戦中の重慶政権に派遣し日本軍と交戦させた。この義勇航空隊はフライング・タイガースと命名され、指揮官はクレア・シェンノート少将であった。彼らは撃墜する日本機一機につき、五百ドルの契約で雇われたアメリカ軍の「正規兵」であった。ことにアメリカ参戦前の二年間はインド・重慶の空路を受け持ち、軍需兵器を輸送したり、日本の海軍航空隊と交戦したりしていた。これらの行為が局外国としては国際法違反であることは明らかであり、アメリカは一九四〇年（昭和十五年）初頭には既に実質的に対日開戦をしていたといわれても仕方がないだろう。

更に一九九一年（平成三年）十一月二十二日に放映された米ABCテレビ番組「20／20」によると、このフライング・タイガースのシェンノート指揮官らが中心となって日本の弾薬工場や産業施設を爆撃する計画が立案されていたという。爆撃を実行に移すために、長距離爆撃機六十六機を供与するほか、数百万ドルにのぼる経費や兵員も負担することを承認したJB355と名付けられた計画は、日本軍の真珠湾攻撃の五カ月も前の一九四一年（昭和十六年）七月二十三日に、ルーズベルト大統領だけでなく当時の陸軍長官、海軍長官などによって承認されていたという（『読売新聞』平成三年十一月二十四日）。実際には、準備に手間取っている内に真珠湾攻撃が始まったのでこの計画は実施されなかったが、ルーズベルト大統領らアメリカ政府が明確に対日先制攻撃を仕掛ける国家意思を抱いていたことは明らかだ。

この経緯を、当時財務長官だったモーゲンソーの日記など米側資料で裏付けたアメリカの南カロライナ大学の**ロバート・トンプソン教授**は、

《旧日本軍による真珠湾攻撃の一年前から、米国が当時の蔣介石国民党政権に多数の爆撃機を供与し、工業地帯を中心に日本空爆をひそかに計画していた。》（『毎日新聞』平成三年十二月七日）

として、アメリカは外交・軍事両面であらゆる手段を使って日本を戦争に引きずり込む方針だったと断定している。

トンプソン教授によれば、一九四〇年（昭和十五年）十二月八日のモーゲンソー日記には、蔣介石から航空機五百機を供与するようアメリカに求める覚書が届いたことが記されており、モーゲンソー財務長官は訪米中の蔣介石夫人の宋美齢女史に対して「一九四二年までには供与できるかも知れない」と伝えた。モーゲンソーは十二月十九日、ルーズベルト大統領に問題の覚書を渡し、その日の閣議後、ルーズベルト大統領は爆撃機などの供与を承認したという。

■ローガン弁護人の「アメリカの戦争責任」論

これらルーズベルト大統領による直接的な挑発行動や対日爆撃計画は東京裁判当時、明らかになっていなかったが、それでもアメリカ人の**ウィリアム・ローガン弁護人**は一九四七年（昭和二十二年）八月四日、冒頭陳述の「太平洋段階第二部・日本に対する連合国の圧迫」の中で、次のように主張した。

《一九四一（昭和十六）年七月二十六日の最後的対日経済制裁を米国大統領が真剣に検討してゐた時、彼はかかる措置の当否について軍部首脳の意見を求めました。之に対する軍部の答申は断然「対日貿易は此際禁止すべからず、若し禁輸を行へば、恐らく極めて近い将来に於て日本はマレー及び蘭《らん》領東印度諸島［インドネシア］を攻撃するに至り、而して恐らく米国を近い将来に太平洋戦争の渦中に投ずることとなるであらうから」といふのでありました。「現実主義的権威筋が殆ど挙《こぞ》つて」、日本に対し「徹底的経済制裁を加へる」ことは「重大なる戦争の危険を意味」することを主張したのみならず、忌憚なき日本側の米国国務省官辺に対する批判も亦《また》、斯《かか》る行動は「日本をして早晩護謨《ゴム》其の他の物資確保の為め馬来《マレー》半島及び蘭印に南下する以外に途なき」状態に立ち至らしめるであらうと言ふのでありました。》（『東京裁判　日本の弁明』p.418.）

対米戦争だけは何とかして避けたいと日本政府側が懸命な交渉を続けていた一九四一年（昭和十六年）七月の段階で、アメリカ軍部首脳とルーズベルト大統領は、更なる対日経済制裁が日本の南進を促すことになることを承知していたにもかかわらず、それでも制裁に踏み切ったというのである。

更に、**ローガン弁護人**は一九四八年（昭和二十三年）三月十日、最終弁論・自衛戦論において、パリ不戦条約の草案者の一人である国務長官ケロッグが締結当時の一九二八年、経済制裁、経済封鎖を戦争行為として認識していた事実を紹介し、今次戦争を挑発したのは日本に非ずして連合国であることを詳しく論証した（『東京裁判　日本の弁明』に全文所収）。その内容は「アメリカの戦争責任」を徹底的に追及したものとなっている。

《［日本は］連合国が行ひました経済封鎖は日本に対する戦争行為に外ならないものであると断定する権利を有《も》つてゐたのであります。がそれにも拘らず日本はその特有の忍耐力を以て、円満にこの争を解決しようと試みたのであります。然《しか》るに経済封鎖は強化せられ、軍事的包囲の脅威と相俟《あいま》つて、遂に日本をして自国の存立の擁護《ようご》の為には、最後的手段として戦争に訴へざるを得ないと考へしむるに至つたのでありました。日本がこの連合国の経済封鎖を以て直《ただ》ちに宣戦布告に等しきものなりと解釈する事なく、平和的解決を交渉に依て忍耐強く追求いたしました事は、永遠に日本の名誉とするに足る処であります。……其れ［大東亜戦争］は不当の挑発に基因した、国家存立のための自衛戦争であつたのであります。》（『東京裁判　日本の弁明』pp.469～471.）

アメリカ政府から対日戦争行為に匹敵する経済封鎖を受けておきながら、それでも忍耐強く平和的解決を図ろうとした日本政府の態度は「永遠に日本の名誉」だと、**ローガン弁護人**は堂々と法廷で訴えたのである。更に欧米の対日圧力は経済面にとどまらなかったとして、次のように続けた。

《日本に対する経済的圧迫の政策を以て西欧列強は相提携《あいていけい》して、軍事力を以てその政策を強行する為一層強硬な而《しか》も峻烈《しゅんれつ》な措置をとるに至りました。中国に対し軍隊と戦争資材とを提供し、その結果として中国の土地に日本人の血潮を流す事になり、而もそこに対日侵略はなかつたと検察側は果して正当に主張し得られませうか。日本が日本を取り巻いて固く張りめぐらされてゐた軍事上の包囲陣に対して反撥すべき正当な理由を持つて居つたかどうかを証拠を調べて検討して見ませう。事実は日本が自己防禦《ぼうぎょ》の為に攻撃を加へるべき正当な権利を持つて居つたといふ事を充分に証明するのであります。》（『東京裁判　日本の弁明』pp.531～532.）

《武力の誇示を伴つた経済封鎖が、此れ程大規模に用意周到な計画的な統一的な正確さを以て遂行され、その目的、即ち日本をして最初の一撃を行はしめんとする明白な期待と希望とを挑発する目的が首尾よく貫徹されたことは、歴史上未だ他に其の例を見ないのであります。日本を刺激して攻撃に出でしめようとする、その公言せられた目的が完成されたのでありますから、此の日本の攻撃が自衛手段でないと記録することは実に歴史に一汚点を残すものであります。》（『東京裁判　日本の弁明』pp.553～554.）

アメリカ人でありながらローガン弁護人は聊《いささ》かも追及の手を緩めることなく連合国側、特にアメリカがいかに経済的・軍事的に日本を追い込んだのかを精緻に論証したのである。**ローガン弁護人**は最終弁論を終えるや、判決を待たずに急遽帰国したが、東京を去るに臨んで全被告に対して、次のような挨拶を述べた。

《私は最初日本に着いた時には、これはとんでもない事件を引き受けたものだと、後悔しないでもなかった。しかるにその後種々調査、研究をしているうちに私どもがアメリカで考えていたこととは全然逆であって、日本には二十年間一貫した世界侵略の共同謀議なんて断じてなかったことに確信を持つにいたった。したがって起訴事実は、当然全部無罪である。しかしこれは弁護人である私が二年半を費し、あらゆる検討を加えてようやくここに到達した結論である。したがって裁判官や検事はまだなかなかこの段階に到達していないだろうと想像される。これが判決を聞かずして帰国する私の心残りである。》（『東京裁判の正体』p.225.）

ローガン弁護人が案じた通り、パール判事らを除いて検事も裁判官も、最後までローガン弁護人の段階には到達しなかった。それればかりか現在の日本人の多くもまたローガン弁護人の歴史観にまで到達することなく、「日本の攻撃が自衛手段でない」と信じ込み、ローガン弁護人が憂慮したように「実に歴史に一汚点を残」したまま、今日に至っているのである。

■ルーズベルトの開戦責任を問うリットルトン英国軍需生産相

アメリカが日本を戦争をせざるを得ない地点まで追い込んだのだ——この指摘は決してローガン弁護人ひとりの認識ではなかった。英国の**軍需生産大臣オリバー・リットルトン**は戦時中の一九四四年（昭和十九年）六月二十日、ロンドンの商工会議所で、

《日本がアメリカを戦争に追い込んだというのは歴史の狂言である。真実はその逆である。アメリカが日本を真珠湾に誘い込んだと見るのが正しいのだ》（三根生久大《みねおきゆうだい》『帝国陸軍の本質』p.290.）

とスピーチをして物議を醸《かも》した。戦時中にかくも真正面から同盟国を批判することは相当勇気のいることであったに違いない。しかし、歴史の真実を知る立場からすれば、「日本に騙《だま》し討ちされた」というアメリカ政府の宣伝はよほど腹に据えかねたのだろう。

もっとも**合衆国前大統領ハーバート・フーバー**も当時、

《若し吾々が日本人を挑発しなかつたならば決して日本人から攻撃を受ける様なことはなかつたであらう》（『東京裁判　日本の弁明』p.554.）

と発言している。また、アメリカの黒人ジャーナリスト、**J・A・ロジャース**は、イギリスやフランス、オランダによる植民地支配や、アメリカのハワイ、フィリピン支配を批判して、

《そもそもヨーロッパやアメリカがこれらの地域を植民地支配しなければ、日本との戦争は起こり得なかった。真珠湾はなかったはずだ。》（『20世紀の日本人』p.154.）

と当時、アメリカの新聞に書いた。欧米諸国がアジア地域を植民地にし、自由貿易に反して排日的なＡＢＣＤ経済包囲網を形成したから、日本は戦争をせざるを得なかったのであり、アジア諸国が独立国家であるならば日本は自由貿易を行ない、戦争に訴える必要もなかったのだというのである。

ともあれ、ルーズベルト大統領が日本を挑発したというのは当時の英米の政治家たちにもよく知られていたのだろう。戦後、英米の識者たちは次々にルーズベルト大統領の開戦責任を追及した。例えばイギリスの**ラッセル・グレンフェル海軍大佐**は一九五二年（昭和二十七年）に、

《普通の情報を与えられている人は誰でも、日本が卑劣な奇襲攻撃をかけたと信じないものはなかった。だが政府中枢部では攻撃は十分に予期されていただけでなく、実際上欲せられていた。

ルーズベルト大統領が戦争を欲していたことは疑う余地はないが、政治的理由から、最初の攻撃が相手方から加えられることを望んでいた。そのため自尊心をもつ国なら、いかなる国でも武力に訴えるほかない地点にまで日本に圧力を加えたのである。日本はアメリカ大統領によってアメリカを攻撃することにされていた。》（馬野周二訳『操られたルーズベルト』p.73.）

と指摘した。

また、アメリカの著名な**歴史家ハリー・エルマー・バーンズ**は次のように指摘している。

《ルーズベルトの一九三七年一〇月五日のシカゴ演説〈Chicago Bridge〉から、一九四一年一二月七日午前七時五五分ごろ真珠湾上に日本爆撃機が出現するに至る真珠湾攻撃の責任は、事実を知っている人たちにとって、自ら進んで公表する勇気があるかどうかには関係なく、まったく明らかである……大西洋でヒトラーを戦争行為に挑発できないことがはっきりしてきた一九四一年六月の、日本の経済的扼殺で始まった戦術の切り換えを除いては、戦争への道はまったく直線的であった。全局面を通ずる戦争工作の建築家であり大指揮者だったのはフランクリン・デラノ・ルーズベルトだ。》（『操られたルーズベルト』pp.77～78.）

アメリカ人の**カーチス・B・ドール大佐**はルーズベルト大統領の長女の夫（後に離婚）でありながら、一九六八年（昭和四十三年）、重い口を開いて、その真相を次のように暴露した。

《ホワイトハウスで一九四一年一一月二五日に開かれた運命的な会議の記録を読み返してみて、私の以前の岳父、ルーズベルト大統領および彼の側近たちの戦略は、平和を維持し保障することではなく、事件を組み立て、あるいは引き起こさせて、アメリカを日本との戦争に巻き込むという陰謀にもっぱら関わっていたと、私は悟ったのです。それを知って私の心は張り裂けんばかりでした。これは「裏口」からヨーロッパの戦争に入ることを可能にする計略でした。》（『操られたルーズベルト』p.65.）

こうした証言や研究が次々と世に出されることで、連合国側の戦争責任、特にアメリカの開戦責任が明らかにされていった。その経緯をアメリカ・メリーランド大学の**セオドール・マックネリ教授**は近年、次のように紹介している。

《一九四一年、フランクリン・D・ルーズベルトは、議会での宣戦布告の何カ月も以前、ドイツ潜水艦の公海での合法的航行に対して、「即時狙撃」政策を宣言した。この好戦的政策は、国際法の違反であったであろうが、ルーズベルトは戦争犯罪人として責任の追及を受けることもなかった。しかし後にアメリカの修正論者による著作物は、ルーズベルトの日米戦争開戦責任を問うている。》（「いま〝戦争裁判〟に何を学ぶか」、『正論』一九八九年九月号）

マックネリ教授がいう「修正論者」とは、戦後、ルーズベルト大統領ら政府指導者によって作り上げられた「歴史」に疑問を呈し、緻密な論証によって官製の「歴史」を修正しようとする学者グループのことである。その活躍ぶりは目覚ましく、近現代史の真実を明らかにする上で、これらアメリカの「修正論者」の功績は大きいと言わなければならない。

その学問的業績はアジア諸国にも知られており、例えば中華民国政府の行政院僑務委員会顧問で、国際汎太平洋私学教育連合会の副会長を務めている**許國雄・東方工商専科大学学長**は一九九五年（平成七年）に次のように述べ、日本だけが批判される風潮に異議を唱えた。

《国際戦争は個人の喧嘩と同じく、誰が先に手を出したのかを問うのではなく、誰が喧嘩を売りつけたかを問わなければならない。このような意味で、米国を主とするA、B、C、D（米、英、支、蘭）諸国は、日本を生き埋めにしようとハル・ノートで喧嘩を売りつけたのである。

戦後、米駐日大使グルーは「戦争のボタンが押されたのは、日本がハル・ノートを受け取った時点だというのが私の確信である」と証言し、英駐日大使クレーギーも同様の証言をしている。日本は喉元に刺された匕首《あいくち》を払うために、つまり生き抜くために戦ったのである。》（終戦五十周年国民委員会編『アジア共生の祭典』p.9.）

一九四一年十二月、真珠湾攻撃の翌日、アメリカ政府は全国民に向け声明を発表した。日本軍の攻撃は「この十年間における国際的背徳の最高のものである」。この日までにアメリカは「日本と平和の状態」にあり、「日本側の懇請によって、太平洋の平和維持をめざして日本政府と会談中であった」。そしてルーズベルト大統領は「平和に向かって考えられるあらゆる限りの努力を尽くした」。しかるに日本政府は、その間に慎重に計画しつつ「巧妙にも合衆国を欺こうとしていた」。そして日本の海軍が交渉中にハワイの攻撃を開始した。このような「日本側の言葉と行動とが明白に歴史的記録として残され」ている以上、「正直な人なら誰でも、日本の軍事独裁者どもが犯した裏切り行為に対し憤激と憎悪の念を今日、いや今後幾千年もの間、禁じ得ないであろう」と。

しかし、真実を踏まえるならば、日本は次のように声明を出すべきだろう。

真珠湾攻撃の数年前から事実上「アメリカと日本は戦争の状態」にあったが、「日本側の懇請によって、太平洋の平和維持をめざしてアメリカ政府と会談中であった」。そして日本政府は「平和に向かって考えられるあらゆる限りの努力を尽くした」。しかるにアメリカ政府は、エドワード・ミラー著『オレンジ計画』によれば、日露戦争直後の一九〇四年（明治三十七年）から対日戦争計画を研究・立案し、その間に慎重にその計画を実行に移しつつ「巧妙にも日本を欺こうとしていた」。そして一九四〇年から正規兵を義勇兵と偽って対日戦闘に参加させ、更に戦争行為と見なされても仕方がないほどの経済制裁、軍事的圧力を加えた。このような「アメリカ側の言葉と行動とが明白に歴史的記録として残され」ている以上、「正直な人なら誰でも、アメリカの軍事独裁者どもが犯した裏切り行為に対し憤激と憎悪の念を今日、いや今後幾千年もの間、禁じ得ないであろう」と。

なお、一九四四年（昭和十九年）十一月二十八日に、米国下院で共和党の**D・ショート議員**が、

《真珠湾攻撃に関するすべてのいきさつと真実が語られ、白日の下に曝《さら》されるならば、米国国民は衝撃を受け、激怒し、かつ悲嘆にくれるだろう。彼らの心は深い悲しみに包まれ、激しく傷つけられるだろう》（『世界から見た大東亜戦争』p.3.）

と演説している事実も、忘れてはなるまい。

■ブレイクニー弁護人の「原爆」発言

東京裁判が掲げている「正義」が疑わしいものであり、裁判がはっきり言えば「茶番劇だった」と感じさせる最も大きな原因の一つに、第二次大戦中、ナチスのユダヤ人虐殺と並んで最大の「人道に対する罪」とも認定されるべきアメリカの原爆投下が全く不問に付されたことが挙げられる。

アメリカ・マサチューセッツ州立大学の**リチャード・マイニア教授**は一九七一年に刊行した著書『勝者の裁き』の中で、

《アメリカも「人道に対する罪」を犯した疑いがきわめて強かった。極東国際軍事裁判所条例は「人道に対する罪」を、「一般市民に対する非人道的行為」と定義した。この定義は、広島や長崎に対する原爆投下にも適用されないのであろうか。》(p.122.)

と疑問を投げかけているが、その疑念を当時、法廷で敢然と口にしたのは、アメリカ人の**ベンブルース・ブレイクニー弁護人**であった。一九四六年(昭和二十一年)五月十四日の法廷で、彼は、広島・長崎への原爆投下という空前の「一般市民に対する非人道行為」を犯した国(アメリカ)の人達が日本人を裁く資格があるのか、と追及したのである。

《戦争での殺人は罪にならない。それは殺人罪ではない。戦争は合法的だからです。つまり合法的な人殺しなのです。殺人行為の正当化です。たとひ嫌悪すべき行為でも、犯罪としての責任は問はれなかつたのです。キッド提督の死が真珠湾爆撃による殺人罪になるならば、我々は広島に原爆を投下した者の名を挙げる事ができる。投下を計画した参謀長の名も承知してゐる。その国の元首の名前も我々は承知してゐる。彼等は殺人罪を意識してゐたか。してはゐまい。我々もさう思ふ。それは彼等の戦闘行為が正義で、敵の行為が不正義だからではなく、戦争自体が犯罪ではないからである。

何の罪科で、いかなる証拠で、戦争による殺人が違反なのか。原爆を投下した者がゐる！　この投下を計画し、その実行を命じこれを黙認した者がゐる！　その者達が裁いてゐるのだ！》（『東京裁判　日本の弁明』p.24.）

この件《くだ》りは英文の速記録には載せられているが、法廷では日本語に通訳されることなく、速記録にも「（以下通訳なし）」となって長らく日本人の目から隠されていた。

原爆問題は、連合国の「正義」を明確にするという東京裁判の「威信」を決定的に傷つけるとGHQは判断し、日本語の通訳を敢えて停止したのではないか、として明星大学の小堀桂一郎教授は次のように解説している。

《この発言が裁判所全体にとつてどんなに衝撃的であつたかは、「条例」に定めてあるはずの法廷に於ける日本語への同時通訳が俄《にわ》かに停止し、最後まで復活しなかつたことからもわかる。それは機器の故障等の技術的な理由からではない。日本語に通訳されればそれは日本語の法廷速記録に留められて後世に伝はるであらうし、第一法廷の日本人傍聴者の耳に入り、その噂は忽ち巷間に広がつてゆくであらう。そしてその発言にひそむ道理の力は、反転してかかる非人道的行為を敢へてしたアメリカといふ国の国威と、欺瞞《ぎまん》に満ちたこの裁判所の威信を決定的に傷つけ、原爆の被害を受けた日本人の憤激の情を新たに著しく刺激するだらう。裁判所からすれば、それは何としても回避したい打撃である。そこで（どう考へても意図的に）同時通訳は瞬時に停止せしめられ、早口の英語の弁論を理解する用意のない日本人傍聴者には、現在そこで何が生じてゐるのか見当がつかぬ、といふ仕儀となつた。》（『東京裁判　日本の弁明』p.23.）

原爆投下という非人道的行為を敢えて犯した国が日本を裁けるのか、という彼の正論に共鳴してインド代表の**パール判事**も個別反対意見のなかで、原爆投下とナチス・ドイツのユダヤ人虐殺を同列に論じて、アメリカを激しく非難した。

《ドイツ皇帝ウイルヘルム二世は、かの戦争［第一次世界大戦］の初期に、オーストリア皇帝フランツ・ヨーゼフにあてて、つぎのようなむねを述べた書翰《しょかん》を送ったと称せられている。すなわち、「予《よ》は断腸《だんちょう》の思いである。しかしすべては火と剣の生贄《いけにえ》とされなければならない。老若男女を問わず殺戮し、一本の木でも、一軒の家でも立っていることを許してはならない。フランス人のような堕落した国民に影響を及ぼしうるただ一つのかような暴虐をもってすれば、戦争は二カ月で終焉するであろう。ところが、もし予が人道を考慮することを容認すれば、戦争はいく年間も長びくであろう。したがって予は、みずからの嫌悪の念をも押しきって、前者の方法を選ぶことを余儀なくされたのである」。

これはかれの残虐な政策を示したものであり、戦争を短期に終わらせるためのこの無差別殺人の政策は、一つの犯罪であると考えられたのである。

われわれの考察のもとにある太平洋戦争においては、もし前述のドイツ皇帝の書翰に示されていることに近いものがあるとするならば、それは連合国によってなされた原子爆弾使用の決定である。この悲惨な決定にたいする判決は後世がくだすであろう。……

もし非戦闘員の生命財産の無差別破壊というものが、いまだに戦争において違法であるならば、太平洋戦争においては、この原子爆弾使用の決定が、第一次世界大戦中におけるドイツ皇帝の指令および第二次世界大戦中におけるナチス指導者たちの指令に近似した唯一のものであることを示すだけで、本官の現在の目的のためには十分である。このようなものを現在の被告の所為には見出しえないのである。》(『パル判決書(下)』pp.591~592.)

■「原爆投下を我々は悔やむ」(『ナッシュビル・グローブ』紙)

戦後、アメリカ政府指導者たちは、戦争を短期に終わらせるために原爆投下が必要だったと釈明に努めた。そして更に、百万人のアメリカ人将兵の命を救うためには、二十万以上の日本人が殺されてもやむを得なかったのだと、原爆投下を正当化したのである。その「釈明」を真正面から批判したマスコミが、当時のアメリカには存在した。ハンプトン大学助教授等を経て現在、神田外語大学で教える**レジナルド・カーニー助教授**は次のように紹介している。

《『ナッシュビル・グローブ』紙はいう。」「日本との戦争で、かつてない非人道的な武器である原子爆弾を使用したことを、われわれは少なからず恥じ、また悔やんでもいる。こんな形で勝利を迎えても、けっして素直に喜ぶことはできないのだ」。そして、こう問うている。「何万と言う人びとの命を奪った原爆。われわれアメリカ人の心には、本当に一点の曇りもないのか」、「キリストの教えを踏みにじった」というのに……。》（『20世紀の日本人』pp.162〜163.）

『ユナイテッド・ステイツ・ニューズ』（『USニューズ&ワールド・リポート』の前身）編集長の**デービッド・ローレンス**も一九四五年（昭和二十年）十月五日、同誌で次のように問いかけた。

《もし原爆を使う権利が容認されるなら、いわゆる安楽死を行う兵器——ブーヘンバルトのガス室なみに手っとり早く即効性のあるもの——を開発する権利も容認されるはずだ。……合衆国は何においても原爆を非難し、それを使用したことについて日本に謝罪すべきだ。陸軍航空軍のスポークスマンは、原爆投下はいずれにせよ必然性はなく戦争はすでに勝利していたと言っている。原爆が落ちる何週間も前に日本が降伏しようとしていたとする確たる証言がいくつもあがっている。》（ガー・アルペロビッツ『原爆投下決断の内幕 下』p.32.）

実は、戦時中のアメリカの軍人たちは「原爆投下は不必要」と考えていた。

原爆実験に初めて成功し、原爆投下の是非を検討した一九四五年（昭和二十年）七月十六日の統合参謀本部の会議において、キング海軍作戦部長は「海上封鎖だけで日本は飢えて降参し、戦争にトドメをさせる」と主張し、アイゼンハワー連合軍欧州最高司令官は「原爆投下は全く不必要だ。もはやアメリカ兵の生命を救う手段としては必須ではなくなった。この恐怖の兵器を使えば、世界に反米世論を巻き起こすだけだ」と注意を促していた。

かかる軍人たちの反対にもかかわらず、人権と国際法の擁護者を自任していたアメリカの指導者たちは、ナチスのアウシュビッツ大虐殺にも匹敵する原爆投下を決断し、終戦を欲していた日本の本土に二発の原爆を投下し、一般市民を虐殺した。どこの国にも先がけて、核による威嚇を行なったのだ。国際法上も道義上も、自らの戦争責任を追及されることは十二分に自覚していたにもかかわらず、である。だからこそ、

《戦争終結時にはどうしても戦争勝利者としての「フリーハンド」を持っていることを至上目的とし、しかも一方的に敵を裁き敵からは裁かれない地歩の獲得を眼目のうちに含んだ政策が、実は、原子爆弾使用を彼らに可能にさせるための不可欠の条件として、彼ら連合国の指導者に必要とされていたのではなかったか》(『アメリカの影』p.243.)

と、明治学院大学の加藤典洋教授は指摘している。

もし、国際法を楯に日本から裁かれるような事態となればどうなったか。連合国の首脳は原爆使用をもって国際法違反として裁かれることを覚悟しなければならなかった。イギリスの**元内閣官房長官ハンキー卿**は、次のように指摘している。

《㈠もし同盟国［アメリカ］の指導層が敵の手に捕われ戦争犯罪人として審判された場合には、軍事裁判所の条例を起草する人たちは原子爆弾の使用を国際法に対する犯罪として宣言することを任務と心得たに違いない。

㈡もし敵が原子力の問題を解決して、さきに原子爆弾を使ったとすれば、原子爆弾の使用が同盟国［アメリカ］における戦争犯罪のリストの中に掲げられ、原子爆弾の使用を決定した人たちや、原子爆弾を用意したり使用した人たちは断罪されて絞首刑に処せられたであろう。》（『戦犯裁判の錯誤』p.84.）

日本政府は昭和二十年八月十日、この原爆投下について対米抗議文をスイス政府を通じて提出している。

《……米国政府は今次世界の戦乱勃発以来再三にわたり毒ガス乃至《ないし》その他の非人道的戦争方法の使用は文明社会の輿論《よろん》により不法とせられをれりとし、相手国側において、まづこれを使用せざる限り、これを使用することなかるべき旨声明したるが、米国が今回使用したる本件爆弾は、その性能の無差別性かつ残虐性において、従来かゝる性能を有するが故に使用を禁止せられをる毒ガスその他の兵器を遥かに凌駕《りょうが》しをれり。米国は国際法および人道の根本原則を無視して、すでに広範囲にわたり帝国の諸都市に対して無差別爆撃を実施し来《きた》り……。而していまや新奇にして、かつ従来のいかなる兵器、投射物にも比し得ざる無差別性惨虐性を有する本件爆弾を使用せるは人類文化に対する新たなる罪悪なり。帝国政府はこゝに自からの名において、かつまた全人類および文明の名において米国政府を糾弾すると共に即時かゝる非人道的兵器の使用を放棄すべきことを厳重に要求す。》(『朝日新聞』昭和二十年八月十一日)

ルーズベルトやチャーチルが無条件降伏という「フリーハンド」政策を敗戦国に適用しようとした理由は、このような告発からどのようにして身を守るか——その方途を考え抜いた結果でもあった。その方途とは、まさしく「敵を裁き敵からは裁かれない地歩」に立って、①連合国側の戦争責任を追及しようという発想そのものを封じ込め、②戦犯裁判などを通じて日本人に罪の意識を植え付け、「日本の指導層が侵略戦争を行なったのだから、原爆を投下されても仕方がない」と思い込ませ、③最終的に連合国の「審判と慈悲に、絶対的に従う」ように日本人の精神を改造すること——であった。

この狙いは見事に成功した。

原爆投下直後、「自らの名と全人類と文明の名」においてアメリカ政府を糾弾した日本は戦後、その抗議とは全く正反対の趣旨の、「安らかに眠って下さい／過ちは／繰返しませぬから」という文面を刻んだ原爆慰霊碑を広島に建立するに至ったのである。

■「原爆投下を反省すべきはアメリカだ」(ガザリー元外相)

一九五二年(昭和二十七年)十一月、広島を訪れた国連国際法委員会委員で、元東京裁判判事の**ラダビノッド・パール博士**はこの文面を眼にして、「ここにまつってあるのは原爆犠牲者の霊であり、原爆を落としたのは日本人でないことは明白である。落としたものの手はまだ清められていない。原爆投下者にこそ罪悪を知らすべきだ」と批判し、その直後の世界連邦アジア会議で次のように述べた。

《広島、長崎に原爆を投下したとき、どのような口実がなされたか。日本として投下される何の理由があったか。当時すでに日本はソ連を通じて降伏の用意をしていた。連合軍は日本の敗北を知っていた。それにもかかわらず、この残虐な兵器を日本に投下した。しかも実験として広島と長崎に投下したのである。この惨劇についていろいろ考えられねばならないが、しかし彼らの口からザンゲの言葉を聞いたことはない。彼らは口実として、もし広島に原爆を投下せねば多数の連合軍の兵隊が死ぬことを強調した。原爆投下は日本の男女の別、戦闘員、非戦闘員の区別なく無差別に殺すことである。いったい、白人の兵隊の生命を助けるために幾十万の非戦闘員が虐殺されることはどういうことなのか。彼らがもっともらしい口実をつくるのは、このような説明で満足する人々があるからである。》（加藤典洋『アメリカの影』p.323.）

このパール発言に対して、同年十一月十日、原爆慰霊碑碑文を作った雑賀忠義広島大学教授は、次のような抗議文（？）を出した。

《広島市民であるとともに世界市民であるわれわれが過ちを繰り返さないと霊前に誓う——これは全人類の過去、現在、未来に通じる広島市民の感情であり、良心の叫びである。〝広島市民が過ちを繰り返さぬといっても外国人から落された爆弾ではないか。だから繰り返さぬではなく、繰り返させぬであり、広島市民の過ちではない〞とは世界市民に通じないことばだ。そんなせせこましい立場に立つ時は過ちは繰り返さぬことは不可能になり霊前でものをいう資格はない》（『ヒロシマの記録―年表・資料編』／『アメリカの影』p.323.）

この碑文作成者は、日本人としての立場から連合国の戦争責任を追及するよりも、連合国＝国連＝国際社会＝世界市民という「立場」に立つことで、結果的に「過ちを犯した日本が悪かったから原爆も投下されたのだ」という連合国＝東京裁判の「論理」を受け入れることを選択したわけである。

しかし、パール判事のような「アジア」の立場から見れば、連合国＝国連＝国際社会＝世界市民という「立場」はあくまでアジア・アフリカへの侵略を正当化してきた欧米諸国の「立場」に過ぎない。「日本が過ちを犯したから原爆を投下されたのだ」という「アメリカの口実」を繰り返し、自らを責めるだけの「反戦平和運動」こそ、アジアにとっては「せせこましい」ものと映ったに違いない。

東南アジア諸国連合（ASEAN）を結成し、アジアの平和確立に寄与した功績で国連ハマーショルド賞を受賞したマレーシアの**タンスリー・ガザリー・シャフェー元外務大臣**も一九九三年（平成五年）十一月に来日した際、この原爆慰霊碑について次のように語っている。

《以前、広島を訪れた時、小学校の先生が原爆慰霊碑の前で子供たちに「日本は昔悪いことをした。これはその記念碑だ」と教えていたのを見ました。それで広島市長に「原爆慰霊碑と原爆資料館は日本人が見るべきではありません。ワシントンに持っていき、アメリカ人に見せて、アメリカ人に反省させるべきではないでしょうか。原爆資料館がここにあるのは不適切だと思います」と言ったところ、広島市長たちは真っ青になってしまったが、やがて彼らも私の意見に賛同してくれました。

それにしても日本人はなぜアメリカに対して異様なほどおびえているのか。敗戦国心理から早く脱却するべきではないだろうか。》(『祖國と青年』平成6年1月号)

まず何よりも原爆を投下したアメリカの責任を追及すべきであった戦後の我が国の平和運動は、日本人としての立場も、パール博士やガザリー元外相のような「アジアの視点」も見失ったまま、連合国側が東京裁判で掲げた「正義」に擦《す》り寄ってしまった。「世界市民と自称しつつも、アメリカに対して今なお異様におびえている敗戦国民」という日本人の哀れな姿は、こうして生み出された。

そして、いまなお我が国の反戦平和運動家やマスコミ、社民党(旧社会党)らは自国の戦争責任ばかりを執拗に追及することで、東京裁判の背景にある「再び日本を米国の脅威たらしめないこと」という占領政策の究極目的の達成を補完し続けているのである。

■原爆投下を懺悔したキリスト教会連邦協議会

ところで、日本側が「日本が侵略戦争を始めたから原爆を投下されたのだ」というアメリカの口実を繰り返していた頃、当のアメリカでは原爆投下の是非をめぐって激しい議論が巻き起こっていた。その火付け役は、キリスト教徒ら宗教グループと、アメリカ軍の上層部であった。

一九四五年(昭和二十年)八月、プロテスタント系の『**クリスチャン・センチュリー**』紙は論説でこう主張した。

《原爆を使用したことにより、我が国は道義上弁護の余地のない立場に立たされた、と我々は考えている。》（『原爆投下決断の内幕 下』p.31.）

また、国際連合憲章の起草を手掛けた外交官で、後に国務長官を務めた**ジョン・フォスター・ダレス**はメソジスト教会のオクスナム主教とともに、八月十日付『ニューヨーク・タイムズ』紙に次のような戦闘停止を求める声明を発表した。

《いま私たちに開かれた選択肢の一つは、人類の想像を超えるような大量殺戮を直ちに停止することである。このような大量殺戮は、老若男女を問わず、罪ある者も罪なき者も無差別に、確実に抹殺してしまう。彼らが、私たちを攻撃し、私たちに深い怒りを植えつけた国の一員であるというだけの理由で。いやしくもキリスト教徒である私たちが平気で、このような形での原子力の使用を認めてしまえば、いつ他の人たちが同じような結論を下しても抗議できない。》（『原爆投下決断の内幕 下』pp.318～319.）

九月に入ると、カトリック系の『カトリック・ワールド』の編集長**ジェームズ・M・ギリス神父**がこう明言した。

《我々アメリカ合衆国民は……キリスト教社会として、その道徳律に対して、いまだかつてなかったほどの激しい打撃を受けた。……合衆国政府がとった行動は文明社会の根幹を成している情のすべて、罪の自覚のすべてをことごとく無視するものだ。》（『原爆投下決断の内幕 下』p.30.）

明けて一九四六年（昭和二十一年）三月六日、キリスト教会連邦協議会の上層部に設置された二十二人の著名なプロテスタントの聖職者と教育者からなる**カルホーン委員会**が次のような報告書を公表し、『ニューヨーク・タイムズ』をはじめ各紙の第一面を飾った。

《広島と長崎への突然の原爆投下は倫理的に弁護の余地はない……長崎への投下は、原爆の威力が示された後だったにもかかわらず、日本政府と最高司令部が降伏の結論に達するだけの十分な時間を与えられないまま、警告もなく実施された。さらに、どちらの原爆投下も戦争に勝つためには不要であったと判断せざるをえない……こういった状況下で史上初の原爆投下を行った国家として、我々は神の法においても、そして日本国民に対しても、取り返しのつかない罪を犯した。》

（『原爆投下決断の内幕 下』p.36.）

カルホーン委員会は断固としてこう述べ、積極的な懺悔の印として、全米の教会に「殺戮の対象となった二つの都市の生存者に特別な救援を行うこと」を求めた。また戦後、多くの日本人留学生をアメリカに招き、支援したフルブライト上院議員は、フルブライト留学生制度は原爆投下に対する懺悔の印として行なったと語っている。

原爆を投下すべきではなかったとの考えは、軍事関係者からも表明された。一九四六年七月一日に合衆国戦略爆撃調査委員会によって作成された最も重要な報告書の一つである「戦争終結への日本の苦悩」は、「日本政府が降伏の機会を窺っており、日本の各方面の指導者たちの証言によれば、仮に原爆が投下されなかったとしても、早い時期に他の口実が見つかっていたのではないかと思われる」として、原爆投下の必要性を婉曲的に否定した。

そしてキリスト者たちの異議申し立てが続いていた一九四六年九月九日には、第三艦隊司令官の**ウィリアム・ハルゼー大将**が、原爆が使用されたのは、指導者層が科学者たちの持っている「おもちゃを実際に試したかったから」だと発言し、次のように続けたのである。

《史上初の原爆投下は全く必要のない実験だった……そもそもあれを落とすこと自体が間違いだった。》（『原爆投下決断の内幕　下』p.41.）

この直後、『サタデー・レビュー』の編集長**ノーマン・カズンズ**は、原爆投下という犯罪を真っ向から非難した。

《海軍のスポークスマンによると、日本は広島に原爆が投下される前に降伏の用意があったという。となると、何千何万という数えきれないほどのアメリカ人の命が救われたという主張は、どうなってしまうのだろう。》（『原爆投下決断の内幕　下』p.42.）

これらの一連の発言は、原爆製造に関与し、また投下の決定に関係した政府関係者たちの神経を大いに逆なでした。原爆投下を正当化するための逆襲が始まった。原爆開発を進めたマンハッタン計画の中心者でハーバード大学総長のジェームズ・コナント、スティムソン陸軍長官そしてスティムソンの片腕としてマンハッタン計画を監督したハービー・バンディの三人が中心となって、当事者しか知り得ない国家機密に基づいて「原爆を投下したのは戦争終結を早め、何十万のアメリカ兵の命を救うためであった」ことを説得する記事が作成された。その記事はスティムソン陸軍長官の名前で『ハーパーズ・マガジン』一九四七年二月号に掲載された。

トルーマン大統領もこの論文を補足する形で、「二十万のわが国の若者の命を救い、敵側の三、四十万の命を救うことができると考えたから投下の決断を下したのだ」といった発言を繰り返した。原爆投下に至る情報が公開されていない状況では、当事者のスティムソンやトルーマンの説明に反論することはできない。原爆投下に対する疑問は完全に封じ込められたかに見えた。

■「原爆投下は不必要だった」(アイゼンハワー司令官)

ところが、**ウィリアム・リーヒ海軍大将**が突然沈黙を破り、一九五〇年(昭和二十五年)、次のように公言したのである。

《私の意見では、広島と長崎に対してこの残忍な兵器を使用したことは対日戦争で何の重要な助けにもならなかった。日本はすでに打ちのめされており、降伏寸前だった。……

あれを最初に使うことによって、われわれは暗黒時代の野蛮人並みの倫理基準を選んだことになると感じた。あのように戦争を遂行するようには教えられなかったし、女、子供を殺すようでは戦争に勝利したとは言えない。》(『原爆投下決断の内幕 上』p.10.)

リーヒ海軍大将はアメリカ統合参謀本部を取り仕切っただけでなく、陸海軍最高司令官［＝大統領］の首席補佐官として、ルーズベルト、トルーマン両大統領に仕えた。その人物による公然たる批判は、当然のことながら関係者に衝撃を与えた。続いて、第二次世界大戦中、英米の対ヒトラー作戦を指揮した連合軍最高司令官であり、アメリカ大統領をつとめた**D・アイゼンハワー**が一九六三年（昭和三十八年）、広島に原爆を投下する決定をスティムソン陸軍長官から知らされたことを想起して、次のように述べた。

《彼が関連の事実を述べるのを聞いているうちに、自分が憂鬱な気分になっていくのがわかって、大きな不安を口にした。まず、日本の敗色は濃厚で、原爆の使用はまったく不必要だという信念をもっていた。第二に、アメリカ人の命を救うために、もはや不可欠ではなくなっていた兵器を使用することによって世界の世論に波紋を広げることは避けるべきだと考えていた。日本はまさにあの時期に、「面目」を極力つぶさない形で降伏しようとしていると、私は信じていた。》（『原爆投下決断の内幕　上』p.11.）

政府高官は職務上知り得た議論の余地のある事柄について沈黙を守らなければならない、という不文律がある。なぜ、敢えてそれを破ってまで発言したのか。その疑問が、アメリカの歴史家たちをして「原爆が戦争を終わらせ、百万人のアメリカ人の命を救った」という「神話」の見直しへと駆り立てることとなった。

しかし、「神話」見直しはなかなか進まなかった。一つは、アメリカ政府が原爆投下をめぐる一連の資料を公開することを拒み続けており、決定打となる証拠が見つからないからである。それでも、広島・長崎への原爆投下がいかにして決定されたのかについての研究は積み重ねられ、一九九〇年（平成二年）、保守系のアメリカ原子力規制委員会で首席歴史記述者を務める**J・サミュエル・ウォーカー**は、権威ある学術雑誌『外交史』にその最新の成果を発表した。

《ここ数年間に公開された記録文書、手書き文書を注意深く研究した結果、トルーマン政権がなぜ日本に対して原爆を使用したのかがますますよくわかってきた。まだいくつかの問題で専門家の意見の対立は見られるが、重要な疑問には答えが出ている。日本侵攻を避けるために、また、比較的短期間で戦争を終わらせるために、原爆は必要なかったというのが、研究者の統一見解である。原爆に代わる選択肢があったことは明白であり、そのことをトルーマンとその側近が知っていたことに議論の余地はない。……原爆は五〇万人のアメリカ戦闘部隊の命を救ったというカビの生えそうな主張にまったく根拠のないことは、疑いの余地はない。》（『原爆投下決断の内幕 上』pp.15〜16.）

メリーランド大学研究員で、全米経済代替案センター代表**ガー・アルペロビッツ**も原爆投下をめぐるこれまで発表された諸論文を踏まえて『原爆投下決断の内幕』を執筆し、次のように結論を下している。

《いかなる事情があったにせよ、警告もせずに原子爆弾を都市部に投下するという行為は正当化できるのだろうか。専門家の間では原爆投下がほぼ確実に不必要であったという見解が、おおむねまとまっていること、また、いずれにせよ［昭和二十年］十一月までに日本は降伏していた確率が高いということを、知って驚く人は多い。》（『原爆投下決断の内幕 下』pp.329〜330.）

たしかに、アメリカの専門家のほとんどが原爆投下は必要なかったという結論に達していることは、驚くべきことであろう。

かくしてこれらの研究成果を踏まえ、一九九三年（平成五年）、ワシントンのスミソニアン博物館は、原爆が戦争終結を早め、多くの人命を救ったとする「神話」を考え直そうとの意図をこめて、「原爆展」を計画した。その計画趣意書にはこう記されてあった。「半世紀後のいまも、日本に原爆を落とすことが必要だったかどうか、また道義的に正しかったかをめぐる論争は続いている。広島と長崎を機に始まった核競争の現実と相克は、今日いまだに解決を見ない問題である」。

この「神話」を考え直そうとするスミソニアン博物館の提案は、原爆投下を正当化する元軍人たちや政治家たちによってたたき潰され、ついにこの「原爆展」は中止に追い込まれてしまった。アメリカの一般世論はあくまで原爆投下によって戦争が早期に終結し、アメリカ将兵百万人ばかりか、日本人の命も救ったのだという「神話」の誤りを認めようとはしなかったのである。

その一因は、実は日本側の姿勢にある。スミソニアン博物館の「原爆展」反対運動を主導した同博物館のガイド、フランク・ラビットは次のように語った。

《（広島、長崎の原爆投下によって）一〇万人以上の命が失われたが、……大統領は原爆の投下で失われる命より、上陸作戦で失われる命の方が多いと説明していた。……あれが戦争犯罪だというのか？　記憶にある限り、日本政府はアメリカが戦争犯罪を犯したと非難したことなど一度もなかったではないか》（斎藤道雄『原爆投下の五〇年』p.62.）

原爆投下は正しかったとする「神話」が揺らぐことがなかったのは、スティムソンらの政治宣伝の巧みさもさることながら、外でもない、投下された側の日本が原爆投下の非をアメリカに訴えたことがなかったからである。「自分たちが侵略戦争を始めなければ、原爆投下もなかったはずだ」として、アメリカの非を追及するよりも自らの責任を問うことばかりに熱中していたからである。もし、日本政府が原爆投下の罪を不問に付した東京裁判の姿勢に敢然と異議を唱え、アメリカの戦争責任を追及していたならば、恐らく、原爆「神話」を見直そうとするアメリカの学者たちとより緊密な協力関係が築かれ、アメリカ世論もまた違った方向に進んだに違いない。

■「無差別爆撃」を非難した中立国スイスの新聞

連合国側の「通例の戦争犯罪」の最たるものは「原爆投下」だが、それと勝るとも劣らない、一般市民殺害行為として、日本の東京大空襲やドイツのドレスデン爆撃などに代表される都市への無差別爆撃がある。

戦争は国際法上合法なので、ひとたび戦争状態に入るや、平時には認められない交戦権の発動も認められているが、その攻撃対象はあくまで戦闘員と軍事施設とに限られていた。ところが、連合国側は民間人への攻撃をも総力戦（total war）という概念で正当化した。今次の戦争は諸国の総力戦で、例えば靴下や米の生産であっても、兵士がその靴下をはき、その米を食糧とするのであれば、民間人が軍事力に寄与しているといえるのだから、攻撃にあたって軍隊と民間人、軍事施設と民間物とを区別する必要がないという言い方をしたのである。イギリスの戦史家リデル・ハートによれば、この総力戦という考え方についていえば、これはドイツよりも連合国の方が遥かに徹底した考え方を持っていたという。

しかもこの無差別爆撃は国策として遂行された。チャーチル英首相は、日本人を粉砕し、その町を破壊し、あるいは市街地を焼き払うという構想に、何度も積極的な賛意を表している。アメリカ・カリフォルニア大学のジョン・W・ダワー教授によれば、日本の都市を火の海に化すという考え方は、真珠湾攻撃の少し前（！）から米軍内部では台頭していたという。当時、マーシャル陸軍参謀総長は、「日本の人口密集都市の木と紙でできた家屋を焼き払う、無差別焼夷弾攻撃」を想定した計画を立てるように部下に命じている。

この計画は一九四五年（昭和二十年）三月十日の東京大空襲を機に本格化し、日本側が「殺戮爆撃」と非難した米軍の都市無差別爆撃によって、広島、長崎を含む六十六の都市が破壊され、四十万人以上の非戦闘員が殺された。この国際法違反の爆撃にはさすがに道徳的な痛みを覚えたのか、マッカーサーの右腕の一人、ボナ・フェラーズ准将は、米軍の日本に対する空襲を「史上最も冷酷、野蛮な非戦闘員殺戮の一つ」と、極秘覚書に記している。

この米軍による日本都市無差別爆撃は中立国たるスイスに異常な反響を巻き起こした。スイスの新聞**『ガゼット・ローザンヌ』紙**は八月六日の社説で、スイス政府は米空軍の無差別爆撃の停止を勧告すべきだとして、次のように主張した。

《米国の日本都市無差別爆撃はドイツのブーチェンワルド・マヌーゼン収容所の残虐にも比較すべきものであり、スイスは米国のこの暴挙の停止を勧告すべきだ、米国側の報道に依ればB29は最近日本にポツダム宣言の伝単［チラシ］数百万枚を撒き、これと同時に日本の都市爆撃を予告した伝単をも投下したと言はれるが両者の間には矛盾がある、即ち前者では日本国民と指導者の離間を計つておきながら後者では苛酷な空襲を覚悟せよと言ふのだ、しかも爆撃を予告してゐる都市は必ずしも軍需生産の中心地ではない、ブーチェンワルド・マヌーゼンの収容所の閉鎖と共に欧州における「残虐時代」は過ぎた、しかし木造建築の多い日本の都市で特に多数の婦女子が爆撃によつて生命を奪はれてゐることを我々は忘却する権利はないはずだ、中立国としてのスイスは現在の問題を正確に理解することは困難であるが、赤十字の創設国としてこの問題を十分に考へて見る義務があるはずである。》（『朝日新聞』昭和二十年八月九日）

国際法違反の、これら米軍による無差別爆撃もまた、「極東の戦争犯罪」を裁くべき東京裁判の法廷において全く取り上げられることがなかった。かくして、アメリカの無差別爆撃によって殺された我が国の同胞たちは、「アメリカの無法によって殺された被害者」ではなく、「戦争という犯罪を犯した罰を連合国から受けた、哀れな敗戦国民」としてしか記憶には留められていないのである。

■リンドバーグ大佐の見た「米軍の残虐行為」

連合国は戦時中からしきりに日本軍の俘虜（捕虜）虐待を非難し、「ポツダム宣言」にも敢えて、「われらの俘虜を虐待したものを含む一切の戦争犯罪人」との一言を挿入した。

この連合国側の日本軍観に強い影響を受け、旧日本軍がいかに残虐な軍隊であったかを論証する研究が欧米諸国のみならず、日本においてもしきりに進められ、いまや戦前の旧日本軍は「世界一残虐な軍隊」であるかのような誤解を受けるに至った。

しかし、俘虜虐待をしたのは日本だけだったのか。

会田雄次著『アーロン収容所』には、戦後、イギリス軍が降伏した日本軍将兵に劣悪な住居、僅かな食料しか与えないまま激しい強制労働を課すことで、いかに多くの日本軍将兵を病死、衰弱死に至らしめたかが描かれている。本田忠尚著『マレー捕虜記』によれば、ビルマ、マレー、シンガポール地区の強制労働での日本兵の死者は、実に四千名を越えるという。また、マレーシアのクアラルンプール日本人墓地には、マラヤ共産党軍掃討のために戦後イギリスによって戦争に駆り出され、無念の死を遂げた日本兵たちの粗末なお墓が並んでいる。

一九二七年（昭和二年）に大西洋横断の単独飛行を成し遂げた**チャールズ・リンドバーグ大佐**は戦時中、南太平洋の激戦地で実際に前線を視察し、『リンドバーグ第二次大戦日記』を書いたが、その中で、日本兵に対する米兵の残虐ぶりを次のように批判している。

《一九四四年七月十三日　……話が日本軍とわが軍が犯す残虐行為に及んだ。わが軍の一部兵士が日本人捕虜を拷問し、日本軍に劣らぬ残虐な蛮行をやっていることも容認された。わが軍の将兵は日本軍の捕虜や投降者を射殺することしか念頭にない。日本人を動物以下に取り扱い、それらの行為が大方から大目に見られているのである。われわれは文明のために戦っているのだと主張されている。ところが、太平洋における戦争をこの眼で見れば見るほど、われわれには文明人を主張せねばならぬ理由がいよいよ無くなるように思う。事実、この点に関するわれわれの成績が日本人のそれより遥かに高いという確信は持てないのだ。》(『リンドバーグ第二次大戦日記(下)』p.532.)

《八月三十日 ……海兵隊は日本軍の投降をめったに受け付けなかったそうである。激戦であった。わが方にも将兵の損害が甚大であった。敵を悉く殺し、捕虜にはしないというのが一般的な空気だった。捕虜をとった場合でも、一列に並べ、英語を話せる者はいないかと質問する。英語を話せる者は尋問を受けるために連行され、あとの連中は「一人も捕虜にされなかった」という。》

(『リンドバーグ第二次大戦日記(下)』p.556.)

連合軍が捕虜を一人もとらずに虐殺した例は枚挙に暇がない。

カリフォルニア大学のダワー教授はその著『人種偏見』において、連合軍側の虐殺行為を詳しく紹介している。例えば、すでに米軍の支配下にあった島に、仲間とはぐれた日本兵を一人放ち、その兵士が身の安全を求めて狂ったように駆け出すところを銃の標的として楽しんだ。ペリリュー島や沖縄の激戦地で、米軍兵士は日本兵の死体から手を切り取って戦果のトロフィーとする、金歯を漁《あさ》る、死体のあいた口めがけて小便をする、恐れおののく沖縄の老女を撃ち殺し、「みじめな生活から逃れさせてやっただけだ」と気にもとめない、といった具合である。太平洋地域担当の従軍記者エドガー・L・ジョーンズは、一九四六年(昭和二十一年)の『アトランティック・マンスリー』誌に、「われわれは捕虜を容赦なく撃ち殺し、病院を破壊し、救命ボートを機銃掃射し、敵の民間人を虐待、殺害し、傷ついた敵兵を殺し、まだ息のある者を他の死体とともに穴に投げ入れ、死体を煮て頭蓋骨をとりわけ、それで置き物を作るとか、または他の骨でペーパーナイフを作るとかしてきたのだ」と書いた。これらの陰湿な虐殺行為は政府によって公認されたこともあった。**ジョン・ダワー教授**はいう。

《ブーゲンビルで投降しようとして殺された負傷兵の場合のように、日本兵殺害の中には上官の命令下に行なわれたもの、あるいは少なくとも上官が事後承認を与えたものがあった。たとえば日本の輸送船を沈め、その後一時間以上もかけて何百、何千という生き残り日本兵を銃で撃ち殺したアメリカの潜水艦艦長は、この虐殺をその公式報告書に記録し、しかも上官から公の賛辞を与えられている。》(『人種偏見』p.84.)

ところで、ダワー教授は、日本側にもこうした虐殺行為はあったとも指摘し、日米は同罪だとしているが、彼は二つ忘れていることがある。

第一に、日本側は相応の罰を受けた。戦後、東京裁判とは別に、日本を含むアジア各地四十九カ所で開かれたB・C級戦争犯罪裁判法廷では、俘虜虐待の罪や住民虐殺などで、約二万五千人の日本人が容疑者として逮捕・拘束され、五千七百人が起訴、そのうち約一千余名が死刑の判決を受けた(冤罪《えんざい》も多かった)。しかし、連合国側の虐殺行為は何ら罪を問われず、免責されたままだ。

第二に、俘虜虐待について言えば、それでなくとも物資不足に喘ぎ、俘虜を受け入れるだけの設備も食糧も不足していた日本側がそれでも交戦法規を忠実に守って、大量に投降してくる敵兵を捕虜にしたからこそ様々な問題が生じたのである。

防衛大学校教授の足立純夫著『現代戦争法規論』によれば、我が国は開戦と同時に捕虜収容所の開設に着手し、昭和十八年（一九四三年）末には日本地域及び占領地域に合計十五カ所の収容所が設置され、約三十万人を収容していた。また、その待遇が決して悪くはなかったことを赤十字国際委員会や連合国の一部も認めていた。

例えば、一九四二年十一月二十四日付の英紙デイリー・メールは「日本軍は捕虜を優遇」の大見出しの下にイギリス捕虜の生活を伝え、イギリス陸軍省は一九四三年一月六日に捕虜に関する詳細な発表を行ない、「その生活状態は満足すべきものである」と述べた。更に一九四三年十月十日、ロンドンで開催された被抑留者親族会議において、万国赤十字社極東捕虜局のキング委員は、「日本の捕虜収容所では未だ曾て虐待行為は見られず、捕虜は十分に待遇されている」と報告している。これらの事実は、日本軍に捕虜虐待の組織的企図があったわけではないことを示している。

しかし、アメリカは物資も潤沢《じゅんたく》で捕虜を受け入れるだけの設備もあったにもかかわらず、時には米軍指揮官公認のもと、「日本軍の捕虜や投降者を射殺」し、日本人は「一人も捕虜にされなかった」のである。日本軍にも多くの落ち度はあっただろうが、捕虜や投降を一切認めず、全員殺してしまうアメリカのやり方と、果たしてどちらが残虐だというのだろうか。

前述の**リンドバーグ大佐**は、日記の全編を次のような印象的な言葉で締め括っている。

《一九四五年六月十一日　……ドイツ人がヨーロッパでユダヤ人になしたと同じようなことを、われわれは太平洋で日本人に行なって来たのである。……地球の片側で行われた蛮行はその反対側で行われても、蛮行であることには変わりがない。『汝ら人を裁くな、裁かれざらん為なり』。こ

の戦争はドイツ人や日本人ばかりではない、あらゆる諸国民に恥辱と荒廃とをもたらしたのだ。》

（『リンドバーグ第二次大戦日記（下）』p.625.）

こうしたリンドバーグ大佐の反省に耳を傾けることなく、米ソを中心とする連合国は「文明」の名を語って一方的に日本を裁くことで、自らがあたかも道徳的に優越しているかのごとく錯覚し、戦後もまた、ベトナムで、ニカラグアで、そしてアフガニスタンで残虐行為者を生み出したのである。

■「米ソによる共同謀議」を批判したプライス法務官

キーナン検事が中心になって起草した「起訴状」を読んで最も奇異に感じる部分は、日本が「ソ連」に対する侵攻戦争を計画・実行した罪で問われていることである。

連合国との停戦の仲立ちを日本政府から依頼され、日本が早期停戦を求めていたことを知りながら、ソ連は当時有効であった日ソ中立条約（日ソ不可侵条約とも通称される）を一方的に破り、終戦直前の八月九日、満洲、千島、北方領土に侵攻し、そのままそれらの地域を不法に占拠した。日ソ関係に限定すれば、侵攻戦争を仕掛けたのはソ連の側であり、侵攻戦争の罪に問われるべきはソ連であることは誰の目にも明らかだった。それなのに何故ソ連が裁く側に座り、日本は「ソ連に対する侵攻戦争」の罪で裁かれなければならなかったのか。

一九四七年（昭和二十二年）五月十六日、アメリカ人の**A・G・ラザラス弁護人**は冒頭陳述で、

《日本の要請に基き本条約［日ソ不可侵条約］の継続的遵守の再三の保証が蘇《ソ》連邦に依つて為さ

れたるにも拘らず蘇《ソ》連邦《ソ》は既に一九四二年の中頃より種々な方法で違反を行つて居たのであります。一九四五年蘇《ソ》連邦は条約を廃棄すると同時に一九四六年四月満期の期日まで忠実に遵守すると云ふ特別な保証を為しました（何れにしても条約の条項に依り斯くすべく拘束されて居りました）。其にも拘らず蘇連は米国及び英国より要請せられたるといふ以外に何等の理由なく又何等の理由あるとも見せかけずに、恰《あたか》も日本では太平洋戦争の終結に付日本の為に蘇連の調停を求めて居り又両国間に大した未解決事件もない時期に、突然一九四五年八月日本を攻撃したのであります。》（『東京裁判　日本の弁明』p.387.）

と、日ソ不可侵条約に違反したソ連を強く批判し、日本の「ソ連に対する侵攻」を否定した。

ソ連はいかなる理由で対日参戦したのか。ソ連は対日参戦にあたり、「……連合国はソビエト政府に対し、日本の侵略に対する戦争に参加し、かくして戦争を終結せしむるに必要なる時間を短縮し、犠牲者の数を減少せしめ、而して世界平和の速やかなる回復に寄与せんことを提案した。ソビエト政府は連合国の標榜するところの主義に忠実に準拠し、連合国によりなされたる申合を受諾し……」という布告を出した。この布告にもあるように、ソ連を戦争に引き込んだのはアメリカであった。

一九四五年（昭和二十年）二月の「ヤルタ会談」で、ルーズベルト大統領はソ連の早期参戦の見返りとして、南満洲鉄道の経営権及び、樺太と日本固有の領土を含む千島列島の領有権をソ連に引き渡すことをスターリンに密約した。この密約は後に一九五五年（昭和三十年）三月、ヤルタ会談の議事録がニューヨーク・タイムズ紙に公表されたことで明らかとなり、共和党議員によって強く非難されることになった。曰く、「民主党のルーズベルト大統領は、国民を欺瞞して、ヤルタ会談におけるヤミ取引において、スターリンに大きな譲歩を与えた。ポーランドをタダでくれてやり、必要もないのに満洲の利権と南樺太、千島を、これもタダ同然でスターリンにくれてやった」と。

マイニア教授は、一九四五年（昭和二十年）七月十七日から開催された「ポツダム会談」において、米ソ両国がいかにして日本侵攻のための共同謀議を謀《はか》ったかを、次のように描いている。

《ポツダムでソ連は、連合国が公式の要請を提出するように求めた。ジェイムズ・F・バーンズ国務長官の言によれば、「ソ連政府は、アメリカ、イギリスおよび他の連合諸国がソ連政府に参戦するよう公式の要請を提出することが、最上の策だと考えている、とモロトフ［ソ連外相］は述べた」。だが、とバーンズは続けた。「この要請はわれわれに対して問題を提起した。ソ連は日本側と不可侵条約を締結していた。ソ連はヒトラーとも同種の条約を締結していたが、この場合は、ナチスがこれを破った。われわれは、アメリカ政府が他国政府に対して、後者の締結した条約を正当かつ十分な理由もなく破るように要請すべきではない、と信じていた。ソ連は二、三カ月まえに、日本に対して不可侵条約を更新しない旨を伝えていたが、同条約はまだ一年近くも有効期間があった。大統領は困惑した」。

「正当かつ十分な理由もなく」――これは重要な一句だった。一、二時間たつうちに、バーンズ長官は二つの口実を思いついた。一九四三年一〇月三〇日のモスクワ宣言と国際連合憲章草案中の二条文（第一〇三条、一〇六条）がそれであった。第一〇三条は、「国際連合加盟国のこの憲章に基づく義務と他のいずれかの国際協定に基づく義務とが抵触するときは、この憲章に基づく義務が優先する」と定めていた。トルーマン大統領はソ連の介入を要請した手紙のなかで、つぎのように結論した。「憲章はまだ批准されておりませんが、サンフランシスコにおいてソ連代表は、ソ連政府が安全保障理事会の常任理事国になることに同意されました。したがって、モスクワ宣言および憲章の規定に鑑みて……ソ連が、国際社会を代表して平和と安全を維持する共同行動のために、日本と現在戦争中の諸大国と協議、協力する意図を表明されることは、適切であろうと存じます」。

このようにアメリカ政府は、ソ連政府に対して根拠薄弱な理由付けを用意してやり、未批准の条約のために既存の条約を一方的に廃棄させたのであった。バーンズはことばを続けて、つぎのように書いた。「後になってトルーマン大統領は、スターリン元帥があの手紙に至極満足の意を表明した、と私に語った。スターリンが喜ぶのは当然であった。ソ連政府の宣戦布告声明は憲章第一〇三条に触れていないが、われわれがモロトフ氏のためにこの条文を見つけてやったために、ソ連の歴史家はソ連の対日宣戦布告が国際的な義務を忠実に履行したものである、と都合の良い主張をできることになったからである」。》(『勝者の裁き』pp.119~120.)

ソ連は、まだ批准もされていない国連憲章の草案によって、条約違反も、対日侵攻も、そして今なお続く北方領土の不法占拠も正当化した。その結果、満洲・樺太・千島列島に在住した日本、韓国、中国のきわめて多数の民間人が殺害され、日本政府の財産ばかりか、多数の民間企業、数十万の民間人の財産のすべてが奪われたが、それらの行為の一切は東京裁判で訴追されるどころか、「国際連合」の名において正当化されたのである。

GHQが東京裁判の準備を進めつつあった一九四五年(昭和二十年)十二月、アメリカの**プライス陸**

軍法務官は『ニューヨーク・タイムズ』紙で、

《東京裁判は、日本が侵略戦争をやったことを、懲罰する裁判だが、無意味に帰するからやめたらよかろう。なぜならそれを訴追する原告アメリカが、明らかに責任があるからである。ソ連は日ソ不可侵条約を破って参戦したが、これはスターリンだけの責任でなく、戦後に千島、樺太を譲ることを条件として、日本攻撃を依頼し、これを共同謀議したもので、これはやはり侵略者であるから、日本を侵略者呼ばわりして懲罰しても精神的効果はない。》(『東京裁判の正体』p.328.)

と強く批判した。しかし、プライス法務官の予想は外れた。連合国の戦争責任を追及するという発想を忘れさせられた戦後の日本人に対して、東京裁判はいまなお絶大な「精神的効果」を発揮しつつあるからである。

■「戦勝国の判事だけによる裁判は公正ではない」(ファーネス弁護人)

次に「裁判官の構成・適格性」を取り上げるが、これもまた裁判の正当性を疑わせるに足る問題を孕《はら》んでいた。

東京裁判の「法」である極東国際軍事裁判所条例は、アメリカ大統領の命令を受けたマッカーサー司令官の指示で、アメリカのキーナン首席検事が起草した。判決を下すべき裁判官も全員が戦勝国たる連合国側十一カ国の国籍を持つ人物であった。裁判の公正さを守るためには、せめて判決を下す裁判官(判事)だけでも中立国あるいは日本からも選ばれるべきではなかったのか。

公判でアメリカ人の**ジョージ・ファーネス弁護人**は全被告に代わって、

《此の裁判所の判事は総べて斯う云う〔戦勝国の〕国家の代表であり、是《これ》が原告国家の代表であり、又検察官も其の国家を代表して居るのであります。我々は此の裁判所の各判事が明かに公正であるに拘らず、任命の事情に依って決して公正であり得ないことを主張するのであります。でありますから此の裁判は今日に於ても又今後の歴史に於ても、公正でなかった、合法的でなかったと云う疑《うたがい》を免れることが出来ないのであります。》（『勝者の裁き』p.99.）

と訴えた。ニュルンベルク・東京両裁判の進行中、イギリスの**元内閣官房長官ハンキー卿**も、

《未来に対して極めて重要な裁判を行う法廷を偏見の度合の少い連合国の構成国、もしくは、もっと公平な中立国の判事を参加させずに、戦争の矢おもてに立った連合国の構成国の指名した判事だけで構成することに決定したことは、果して正しく賢明だったただろうか。

われわれはいま少しで負けるところだったが、かりに負けたとしたら、われわれは日・独・伊三国だけによる裁判に納得しただろうか。また、歴史がそのような裁判の結果を受けいれると期待されるだろうか。》（『戦犯裁判の錯誤』pp.7～8.）

と批判している。

そもそも個々の裁判官の適格性にも疑問があった。アメリカに限らず法治国家の多くは、係争中の

事件に事前に関係した人物は、その事件の裁判官になる資格はないとしている。ところが、アメリカ代表マイロン・H・クレーマー少将は真珠湾攻撃の責任に関する法書簡を大統領に提出していた。フィリピン代表のハラニーヨ判事も日本軍の捕虜の経験があった。両者とも不適格である。裁判長を務めたオーストラリアのウェッブ裁判長もまた、戦争中、オーストラリアの戦争犯罪委員として、ニューギニアにおける日本軍の行為を調査した経験があった。

このため、**オーストラリア高等裁判所ブレナン判事**は、東京裁判が開廷される二カ月前の一九四六年（昭和二十一年）三月二十二日付『シドニー・モーニング・ヘラルド』紙において、

《……サー・ウィリアム［ウェッブ］は、これまで日本の残虐行為にかんする調査をおこない、その報告をオーストラリア、英国政府に提出している……そのサー・ウィリアムが、東京の第一級戦犯法廷の裁判長をつとめるわけだが、諸外国ははたしてこの事態をどう考えるであろうか？

ここに、犯罪捜査を担当し、ある犯罪人の証拠集めにたずさわった刑事がいるとする。英国の法廷は、この刑事を、同類の犯罪人を裁く判事に任命するであろうか？

この問題は、必ずや提起されるであろう。そして、そのさい、サー・ウィリアム・ウェッブは不快な立場におかれ、オーストラリアはバカ者扱いされるにちがいなく……各国は、英国の法概念にたいして嘲りの指をあげるであろう。

……ゆえに、私は、このときにあたり、わが国をことさらの侮辱から救うために警告を発するものである》（児島襄『東京裁判（上）』pp.130～131.）

と強く警告を発していた。当然のことながら、法廷で弁護側は、ウェッブ裁判長をはじめとする適格性を持たない裁判官に対する忌避を申し立てたが、その申し立てはすべて理由を明示されることなく却下された。そこで判決後の一九四八年（昭和二十三年）十一月、**ジョン・G・ブラナン弁護人**らはアメリカ連邦最高裁判所に対して「人身保護令適用のための訴願」を提出し、

《五、裁判所の判事達は全部日本と戦争をした国の国民であり、各国政府が日本は侵略戦争をした罪があるとの政治的決定を宣言している以上、判事達は公平無私の見解をとる事はできない。

六、審理の冒頭、原告達は裁判官忌避を申立てようとしたが、法廷は各裁判官はマッカーサー元帥の任命に基づくとの理由で、この申立を却下した。公訴に対して判事の忌避を申立てる権利は、米国法廷で審理される全被告が持っている。……

八、よって原告は、次の事を嘆願する。……

(2) この訴願をするに至った、米行政・軍両当局の行為と執った処置は［米国］憲法違反であり、無効である事を宣言する事》（冨士信夫『私の見た東京裁判（下）』pp.522～523.）

といった趣旨のことを訴えた。人身保護令とは、違法な拘束にたいする人身の自由の最高の法的救済である英米の法制度のことで、この訴願は十二月六日、一旦は受理されたものの、十二月二十日、最終的には却下されてしまった。

なお、検察官の資格に対する疑問も法廷では提出された。一九四六年（昭和二十一年）十二月三日、審理は「日本の対オランダ侵略」の段階に入り、ヒギンズ検事から、冒頭陳述担当者のオランダ代表

検事としてムルダー少将が紹介された。ところが、このときアメリカ人の**オウエン・カニンガム弁護人**が突如発言台に立ち、

《オランダはポツダム宣言の署名国ではない。しかも訴追事項の発生当時、オランダ政府は国際法上の合法的な存在ではなく、英国に亡命していた。したがって陸戦法規に対する裁判の権限を有せず、また検事任命の権利もない》(朝日新聞東京裁判記者団『東京裁判　上』p.268.)

と、オランダの裁判参画を全面的に否定する異議を申し立てた。東京裁判がポツダム宣言に法的根拠を置いている以上、正当な異議であった。ところが、ウェッブ裁判長はその場で、「事実の上からも法的にも何らの根拠なし」と、具体的な説明もないままこの異議を却下してしまったのである。

■一部グループによる判決に抗議したブレイクニー弁護人

半数の判事が欠席しても法廷は続行され、その判決に際しても僅か一票差で死刑の判決が下されるなど、審理規則も通例を大幅に逸脱していた。

法廷の定足数は裁判官の過半数(六名)であって、五名の裁判官が欠席しても審理を続けることができた。そして出席裁判官の過半数で有罪の認定、刑の量定を含むすべての決定や判決が下された。判決前の審議において、裁判官たちは検察の主張を全面的に支持する「多数派意見判決(以下、「多数派判決」とする)」の七名と、検察の主張を独自に判断した「少数派の個別意見(以下、「少数派個別意見」とする)の四名に分裂した。少数派個別意見の四名は、オーストラリアのウェッブ裁判長、フランスのベ

ルナール判事、インドのパール判事、オランダのレーリンク判事であった。その結果、文官でただ一人死刑を宣告された廣田弘毅元首相は、六対五のたった一票差で、東條元首相ら他の六人もまた、七対四の票決で死刑を宣告されることになった。これは、死刑の宣告には裁判官の全員一致を通例とする近代国家の裁判所ではあり得ないことであり、**イギリス元内閣官房長官ハンキー卿**は、

《奇怪な取り合わせをもつた法廷が一切の別異意見をそのままにして、誤つた手続きにのつとつて、多数決により、人間を死刑や長期の禁錮に処することができ、それをあえてしたということを思うとき、胸がむかついてくる。》(『戦犯裁判の錯誤』p.205.)

と指摘している。

裁判終了直後の一九四八年(昭和二十三年)十一月二十一日付で、全弁護団を代表して**ベン・ブルース・ブレイクニー弁護人**は、減刑権を有している連合国最高司令官マッカーサーに対し、減刑嘆願のための覚書を提出し、法手続の不備について、次のように訴えた。

《有罪は容疑の余地があるということ以上には立証されなかつた判定は裁判所のそれではなく、裁判所の一部朋党[グループ]のものである。多数派七名の判事は、全般的に別異意見をもつたパル、ベルナール両判事を審議及び決定から除外したばかりでなく、部分的に別異意見をもち部分的に同調したローリング[レーリンク]判事および、結果についてて数点の疑問をもつたが別異意見は記録に止めなかつた裁判長サー・ウイリアム・ウエッブ

までも除外したことが明らかにされた。ある場合は死刑が六対五、またある場合は七対四の投票で科せられたが、いずれの場合も七人の判事以上の投票は得られなかつたことがわかつている。大部分の文明国では、死刑を科するには全員一致を必要とし、普通は単なる有罪の判定についても同様である。われわれアメリカ人は十一名中、六名または七名のものが有罪と判定し、死刑を宣告することを言語道断と考えるし、文明社会もまた、これを言語道断と見るにちがいない。有罪は、容疑の余地があるということ以上になんら立証されなかつた。》（『戦犯裁判の錯誤』p.197.）

法手続の実態を細かに検討すれば、東京裁判は近代法治国家の裁判としての要件を著しく欠いていた。はっきり言えば、裁判と呼べるシロモノではなかったのだ。

■裁判の公正さを疑うベルナール判事

証拠規則もまたいい加減なものであった。提出された証拠の信憑性によって、裁判の判決は大きく左右される。そして、公正な裁判を行なうためには、客観的に信頼できる証拠が採用されなければならないことは言うまでもない。

ところが、ニュルンベルク条例を起草するためのロンドン会議において、アメリカ代表ジャクソンは、事実関係が確かではない噂や証言などの伝聞証拠をも採用するような証拠規則を記した草案を提出し、「今の場合、陪審裁判向きの証拠規則を採用して、そのために、十分な証拠価値のあるものまで切り捨てる結果となることは、好ましくありません。そこで私は、この条例の一部として、できるだけ融通性の大きい証拠規則を置くように提案いたします」と説明した。三日後、イギリス代表ジョウィット検事総長もこの提案に賛成した。「こうしておけば、各国の国内法では許されないような場合でも、ある証拠に証拠価値を認めるかどうかの決定は、当該裁判所がなしうることになるわけです」。かくして、ニュルンベルク条例を踏襲した極東国際軍事裁判所条例において、この「証拠規則」は、次のように規定された。

《第13条　証拠

(イ)　証拠能力　本裁判所は、証拠に関する技術的法則に拘束されない。本裁判所は、迅速且機宜の手続を最大限度に採用し、かつ、適用し、本裁判所において証明力があると認めるいかなる証拠をも採用するものとする。……

(ロ)　証拠の関連性　本裁判所は、証拠の関連性の有無を判定するため、証拠の提出前、その性質について説明を求めることができる。……

第15条　裁判手続の進行

(ニ)　検察官及び被告人側は証拠を提出することができ、裁判所は、その証拠の採否につき決定する。》（『戦争犯罪裁判関係法令集』第I巻 pp.48～52.）

これらの規定の運用次第では、裁判長は、①証拠に関する専門技術的規則に拘束されず、通例ならば伝聞証拠として却下されうるような材料も受理することができる上、②提出されてくる証拠文書の採否を関連性の有無を口実に甚だ恣意的に決定することができ、③その決定に際しては予め証拠の内容を検討し、裁判所にとって都合が悪い証拠は事前検閲をなすがごとく、法廷に提出される前に却下することができた。

平たく言えば、証拠が採用されるかどうかは、すべて裁判長の判断次第となった。そして実際に裁判長の恣意的な判断で証拠の採否は左右された。阪埜淳吉弁護人は次のように述べている。

《時には恣意的に、また、時には当事者のいずれかに偏頗《へんぱ》に自由自在に発揮できるわけで、東京裁判の全過程を通じ弁護団側は、その訴訟指揮に悩まされて向う所を知らないといつた状態におかれがちであつた。……このような事情のもとで弁護団側が準備し提出せんとした証拠のうち、その約三分の二は証明力なし、関連性なし、重要性なし等の訴訟指揮により却下される運命となり、一方では検察団側には木戸日記、原田・西園寺回顧録など多数の伝聞証拠の提出を許容し、弁護団側には最良証拠提出を要求して、このような証拠は却下するという事態にもなつたのである。》（東京裁判研究会編『共同研究・パル判決書』／『東京裁判　日本の弁明』p.34.）

証拠書類のうちの多くの割合が却下されたとの印象は、日本人弁護団の副団長であった清瀬一郎弁護人にも共通していて、

《それ［却下された証拠書類］は膨大なものです。なかでも日本政府の声明、これはセルフ・サービング、つまり自分で自分を弁明するものだといつて初めから却下されてしまうのです。中国との戦争、これは日本では事変と言つているが、あの時分の蒋介石政府なり汪兆銘政府との間の合意によつてできた声明、これも歴史上の記録ですが、みな却下です。おそらく弁護団側の出した

証拠は十通のうち八通まで却下されたと思うのです。》（「日本週報」昭和三十一年四月五日発行／『東京裁判　日本の弁明』p.35.）

と、その印象を語っている。

その膨大な却下・未提出弁護側資料二千三百六件は平成七年（一九九五年）、国書刊行会発行『東京裁判却下未提出辨護側資料』全八巻として初めて日の目を見ることになった。ともあれ、清瀬弁護人が証言しているように、当時の日本政府の公式声明が全て却下ということは、証拠規則においても「裁判を敗戦国の言い分を宣伝する場としてはならないし、戦勝国の戦争責任も追及されてはならない」という連合国の当初からの原則が冷厳に貫かれたことを物語っていると言えよう。条例で「被告に対する審理の公正」を特に謳っているとはいえ、戦勝国たる検事側の「言い分」はたとえ根拠薄弱の証拠に基づいていても認められた一方で、敗戦国たる弁護側の「言い分」はほとんど認められなかった法廷において、果たして公正な「事実」認定ができるものか。答えは明らかだ。

この事態を判事はどのように見ていたのか。少数派個別意見側のフランスの**アンリ・ベルナール判事**は、特に「審理の手続についての意見」を提出し、

《条例は被告に弁護のために十分な保障を与えることを許していると自分は考えるが、実際にはこの保障は被告に与えられなかったと自分は考える。

多くの文明国家でそれに違反すれば全手続きの無効となるような重大な諸原則と、被告に対する訴訟を却下する法廷の権利が尊重されなかった。》（『東京裁判の正体』p.118.）

と指摘し、同じく少数派個別意見のオランダの**ベルト・レーリンク判事**も、

《手続き上にも問題がいくつかあり、不公平な点がありました。

一例をあげると、中国における共産主義の脅威があったことを立証する機会を与えてほしい、との求めが被告側から出されました。そうした脅威があったために、日本は行動を起こしたと立証しようとしたのです。ドイツの場合は、ヨーロッパ大陸での大国になろうとして戦争に突入していったのですが、日本は、これとは違います。結局、裁判では、立証の機会は認められませんでしたが、アンフェア（不公平）だったと思っています。》（『東京新聞』昭和五十八年六月一日夕刊）

として、事実認定のあり方が被告に著しく不公平な裁判だったことを認めたのである。

■「弁護側に不利な証拠規則だった」（プリチャード博士）

それでは、どのような弁護側の「言い分」が却下されたのか。

インド代表の**パール判事**は、その個別意見書の中で特に「第三部　証拠および手続に関する規則」という章を設けてこの問題について詳しく論じているが、その中で、弁護側が提出し却下された文書類を次のように分類している。

《(1)日本軍が行動を開始した以前における中国本土の状態に関する証拠

(2)在中国の日本軍が中国に平和を恢復《かいふく》し、静謐《せいひつ》をもたらしたことを示す証拠
(3)一九二七年における中国の対英紛争に関する証拠
(4)満州が日本の生命線であるという日本国民の輿論《よろん》を示す証拠
(5)a、ソビエト連邦とフィンランド、ラトビア、エストニア、ポーランドおよびルーマニアとの関係に関する証拠
b、米国およびデンマーク対グリーンランドならびにアイスランドの関係に関する証拠
c、ロシアおよび大英帝国ならびにイランの関係に関する証拠
(6)原子爆弾決定に関する証拠
(7)パリ条約の調印にさいして、数カ国のなした留保に関する証拠
(8)a、国際連盟規約
b、ランシング・スコット報告書
(9)a、新聞のための当時の日本政府の声明、すなわち、新聞発表
b、当時の日本外務省の発した声明
(10)中国における共産主義に関する証拠
(11)以上にあげたもの以外の理由によって証明力がないと考えられた証拠》(『パル判決書(上)』pp. 575~577.)

かくして、これらの視点に基づく証拠文書をすべて排除することによって事実認定がなされ、東京裁判の判決が下されたのである。

このため、**ブレイクニー弁護人**は全弁護団を代表して、一九四八年（昭和二十三年）十一月二十一日付で、減刑権を有している連合国最高司令官マッカーサーに対し、減刑嘆願のための覚書を提出したが、その中で証拠採用の不公正さについても次のように訴えた。

《裁判は不公正である

……裁判所は、ある種の弁護の申立をきくことを拒絶したが、判決のなかでは、これらの弁護は「根拠とすべき証拠がないから」受理できないといっている。裁判所は検察側の「証拠」は新聞報道、二次的・三次的の噂、伝聞証拠、自称「専門家」の意見のかたちのものまで受理し、かかる「証拠」に基いて事実を認定し、有罪無罪を決定した。そして、日本人証人の証拠は（検察側に立つて証言したものは別であるが）不満であり、信頼できないとして、一切の弁護側証拠を、その判定に当つて無視した。》（『戦犯裁判の錯誤』pp.195～196.）

しかし、この覚書は却下されてしまった。

続いて、前述のごとく、同年十一月二十九日、**ディビッド・スミス弁護人ら**がアメリカ連邦最高裁判所に対して人身保護令の適用を次のように申し立てた。

《東京の国際法廷は、なんとしても米国の一市民であるマッカーサー元帥によって設置されたものである。マ元帥は、米国の行政部門（大統領）の命令によって設置したのだが、アメリカの立法府はこのような新規の裁判所の設置を、遣外司令官に委任したことはない。これは明らかに憲法違反である。――したがって、その被告たちに、ヘービアス・コーパス（人身保護令）の手続きがとられるべきである。》（朝日新聞東京裁判記者団『東京裁判 下』p.224.）

連邦最高裁はこの申し立ての理由を聴くべきかどうか協議したうえ、これを聴くことを決し、十二月十六日、第一回の口頭弁論を開いた。その席で、**スミス弁護人**は、法手続の不備、不公正さを指摘し、次のような激烈な東京法廷攻撃を行なった。

《東京法廷は、真の国際法廷ではない。あれはマッカーサー元帥個人の裁判所である。元帥は、彼自身を国際的代表者と呼ぶことによって、米国の法律と縁を切ることはできない。東京法廷は、マ元帥のための事実審議機関であって、判決は、直接マ元帥のところに移されたし、最終の決定は、マ元帥にかかっていた。――訴願者［日本人の被告たち］は、今までどんな文化的、現代的法廷も直面したことがないような弛緩した証拠と手続きに関する規則にさらされたのである。法廷は、反対と、例外とにかまわず、署名されていない口述書、宣誓されていない声明、新聞報道、二流、三流の伝聞証拠を受理した》（『東京裁判 下』p.225.）

しかし、十二月二十日、連邦最高裁は、連合国の軍事法廷について審理する権限をアメリカの法廷は持たないという理由から「訴願受理の管轄権なし」として訴願を却下してしまう。

かくして日本の「言い分」を排除してかろうじて成り立った「戦勝国による事実認定」は、連合国＝国際連合公認の歴史観として流布されることになったが、東京裁判の裁判記録を研究する内外の研究者によって、その不公正さは徐々に明らかになりつつある。

例えば、一九八八年（昭和六十三年）イギリスで、ロンドン・スクール・オブ・エコノミックス（LSE）から英語版『極東国際軍事裁判記録』が発行されたが、その編集責任者でロンドン大学の**ジョン・プリチャード研究員**は、過去十四年間、裁判の全記録を詳細に研究してきた歴史学者の立場から、裁判は真実の解明よりも最初から日本側旧指導層の処罰と国民の再教育（正確に言えば「洗脳」であろう）を目的とする勝者の裁きだったとして、東京裁判の問題点を次のように列挙している。

《①検察は真実の解明よりもとにかく日本側の指導者たちをきびしく処罰して、日本国民を再教育することを目的としていた。判事たちは検察側の主張をうのみにして弁護側の証拠とか主張は一方的に却下した明確な形跡が多い。

②一般に戦争犯罪とされる捕虜や民間人への残虐行為に関する記録は全体の五—一〇％で、ニュルンベルグ裁判よりずっと比率が低い。残りの「戦争についての政策」の部分は戦争を侵略と自衛に分けることは難しいし、日本の歴代指導層が一致して侵略戦争を企図したともいえないから「戦争に関する共同謀議」とか「不法戦争による殺人」という訴因にも法的根拠をほとんどみいだせない。

③戦争後までは存在しなかった「平和に対する罪」を過去にさかのぼって適用する点やその「罪」の根拠を一九二八年のパリ不戦条約に求める点にも無理がある。》（『産経新聞』昭和六十三年十一月二日）

終戦五十周年にあたる平成七年(一九九五年)、不当に却下された弁護側の証拠文書の集大成『東京裁判却下未提出辨護側資料』が刊行されたことによって、私たちはようやく検事側と弁護人側の両方の言い分とそれを裏付ける証拠に基づいて、大東亜戦争に関する公平な歴史認定を行なう立場を得ることができたといえる。

逆に言えば、「勝者の言い分」とその言い分を裏付ける証拠によってのみ歴史認定を日本人に強いてきた「東京裁判」は、近現代史に関する公平かつ客観的な研究を五十年もの間、不当に妨げてきたのだ。その「罪」は途方もなく重いといわなければならない。

【第4章】

蹂躙された国際法

――国際法学者による「極東国際軍事裁判所条例」批判

不公正な法手続によって成り立った極東国際軍事裁判所、その裁判所が採用した「法」、つまり「極東国際軍事裁判所条例」は当時の国際法から見て極めて奇異なものであった。はっきり言えば、実定国際法を完全に蹂躙《じゅうりん》したものであった。

しかし連合国側が「極東国際軍事裁判所条例は当時の国際法に基づいたもの」と宣伝にこれ努めたためか、その実態がどれほどひどいものであったのかは余り知られていない。

そこで本章では、国際法から見た「極東国際軍事裁判所条例」について詳しく論じたい。

■管轄権なき「見せ物裁判」に反対したウェッブ裁判長

一九四六年（昭和二十一年）五月、東京裁判の冒頭段階から、検察側と弁護側との間の激しい論争となり法廷を緊迫させたのが、管轄権（裁判を行なう権限）をめぐる双方の応酬であった。

極東国際軍事裁判所条例は、ニュルンベルク国際軍事裁判所条例の内容をほとんどそのまま踏襲し、東京裁判の管轄権は「平和に対する罪」「通例の戦争犯罪」「人道に対する罪」の三つの罪に及び、さらにこれらの犯罪について、政治家、官僚、軍人など戦時指導者と見做される個人の刑事責任が成立するものとされた。これに対して弁護側は五月十三日、清瀬一郎弁護人がこの管轄権についての否認の動議を提出し、

《当裁判所の管轄に関する動議につき説明をいたさせていただきます。その第一は、当裁判所においては、平和に対する罪、また人道に対する罪につきお裁きになる権限がないということであります。》(『秘録東京裁判』p.53.)

として、裁判自体が成り立たないことを証明しようとした。その骨子は次のようなものであった(『東京裁判 日本の弁明』に全文あり)。

①本裁判所は、七月二十六日、連合国によって発せられたポツダム宣言第十項を根拠として設置されたものである。同宣言は降伏文書によって確認、受諾されたものであり、日本のみならず、連合国も同条項に拘束されている。よって同条項に規定されている以外の戦争犯罪人の裁判をなす権限はない。

②極東国際軍事裁判所条例には、「平和に対する罪」「人道に対する罪」という明文があるが、連合国にはこれらの罪で起訴する権限はない。ポツダム宣言が発せられた一九四五年七月二十六日当時、連合国および日本で、戦争犯罪とは何と考えられていたか。世界各国で知られていた戦

争犯罪は、戦争法規、慣例を犯した罪（通例の戦争犯罪）ということだ。
③戦争を始めること（平和に対する罪）は、当時、戦争犯罪ではなかった。
④ドイツと日本とは降伏の仕方が違う。ドイツは最後まで抵抗しヒトラーも戦死し、文字通り〝無条件降伏〟したのだから、連合国は裁判をしないでドイツの戦争犯罪人を処罰することもできたかも知れない。しかし、日本は、ポツダム宣言を受諾しての降伏であり（有条件終戦）、連合国もこの宣言を守る義務に拘束される。「ポツダム宣言」の条件の一つである戦争犯罪人の処罰も、通例の戦争犯罪で処罰されると思って日本政府は受諾したのである。
⑤一九二八年のパリ不戦条約により、国家の政策としての戦争、または侵攻戦争は犯罪とされたのだという意見があるがこれは誤りだ。不戦条約は侵攻戦争を非難しているが、犯罪とはしていない。
⑥連合国は、今回の戦争の目的の一つが国際法の尊重であると明言している。ならば、国際法上の「戦争犯罪」の範囲を超越することはないと信じたい。

ところが、動議提出より五日後の五月十七日、ウェッブ裁判長は「管轄に関するすべての動議を却下する。その理由は将来闡明《せんめい》する」として、その場を切り抜け、裁判の続行を図った。その後、この管轄についての説明は全くなかった。

実は裁判長に就任する前の一九四五年（昭和二十年）六月二十六日、クイーンズランド州首席判事だった**ウィリアム・ウェッブ**はオーストラリア外務省にあてた同日付書簡の中で、準備が進められていた東京裁判について、

《国際法に基づく厳密なやり方をあきらめて、特別法廷で蛮行ともいえる見せ物的な公開裁判を行うべきではない。》(『朝日新聞』平成七年二月八日)

と強く反対していた。よってウェッブ裁判長が内心は清瀬弁護人の管轄権動議に共感していたことは十分考えられるが、その主張を認めることは東京裁判の即刻中止を意味した。連合国最高司令官に任命された裁判長の立場としてそれは出来ないことであり、この管轄権動議に何ら答えないまま、ウェッブ裁判長は裁判を続行したのである。

二年六カ月後の一九四八年(昭和二十三年)十一月四日の判決言い渡しの時、検事側の主張をほぼ全面的に支持した七カ国の判事による「多数派判決」はこの点について、極東国際軍事裁判所条例と条例の犯罪に関する定義は「本裁判所にとって決定的であり、これを拘束するものである」から、たとえ条例が国際法に合致していようがいまいが、それは問題ではない、我々判事はマッカーサー司令官が定めた条例を絶対視すると主張した。

この点について、多数派判決に与《くみ》しなかった、オランダ代表の**レーリンク判事**は、

《国際裁判所が、正義に基づいて処罰を加えることを求められているにもかかわらず、自ら正義の法理を適用しているか否かを審査する権能や義務さえ与えられないで、たんに戦勝国の最高司令官の定めた法規を適用しなければならない。かようなことを本裁判所が認めるとすれば、それは国際法のためにこの上なく有害なことをしたことになるであろう。》(『勝者の裁き』p.86.)

と強く批判した。法の正義を擁護すべき裁判官であるならば、レーリンク判事の訴えの正当性を認めずにはいられないはずである。

■「侵攻か否かの決定権は自国にある」（ケロッグ国務長官）

「条例」を絶対視した多数派判決は、国際法を無視した上で成立したのだが、その事実を認めることは連合国側にとって得策ではない。よって「裁判は、国際法に基づいていた」とするニュルンベルク裁判の判決を引用して、東京裁判もまた国際法に基づいていたのだと、多数派判決は次のように主張することも忘れていない。

《一九四六年五月に本裁判所はこの弁護人の申立［清瀬弁護人の管轄権動議］を却下し、裁判所条例の効力と、それに基づく裁判所の管轄権とを確認し、この決定の理由は後に言い渡すであろうと述べたが、その後にニュルンベルクで開かれた国際軍事裁判所は一九四六年十月一日にその判決を下した。同裁判所は、他のこととともに次の意見を発表した。

「裁判所条例は戦勝国の側で権力を恣意的に行使したものでなく、その判定の当時に存在していた国際法を表示したものである」「問題はこの［パリ不戦］条約の法的効果は何であったのかということである」。

当裁判所はニュルンベルク裁判所の以上の意見と、その意見に到達するまでの推論に完全に同意する。》

「国際法を表示したもの」と主張するが、その根拠は何か。多数派判決は「パリ不戦条約」について触れているだけで、何ら具体的な説明をしていない。

実は東京裁判の冒頭陳述でキーナン検事が、「世界の全文明国は、世界の一般的良心の要求に従って行動し、厳粛な誓約と協定によって、侵攻戦争が国際犯罪であることを認めて、そのように宣告し、それによって戦争の違法性を実定国際法規として確立した」と言明し、この主張を裏付けるために、一九二八年（昭和三年）パリで調印された「不戦条約」（戦争放棄に関する一般条約）を引用している。この検事側の主張を多数派判決は支持したのである。

それでは、キーナン検事が述べたように、「不戦条約」は果たして侵攻戦争を違法化したのか。

この不戦条約は第一次大戦後の一九二七年（昭和二年）、フランスがアメリカに提案し、ケロッグ国務長官がこれを世界の主要国家間の条約に拡大するよう主張したことに端を発し、その後関係諸国間で交渉が行なわれて締結に至った。なぜフランスは不戦条約の締結をアメリカに持ちかけたのか。第一次大戦後、国際安全保障体制を確立するために国際連盟が結成されたものの、強国アメリカが不参加であったことから、ドイツの台頭に危機感を抱いたフランスが何とかヨーロッパの安全保障体制にアメリカを巻き込もうと考えたのである。第一次世界大戦終了後、未曾有の惨禍を伴った大戦を経験した諸国民の間には、平和維持への願望が強く、戦争の「違法化」を求めるべく、種々の努力が試みられた。「不戦条約」はその努力の一環として締結されたという側面も否定はできないが、その発端の動機は国際連盟体制の不備を補うことにあったのである。

起草者たる米国務長官ケロッグと原提案者たる仏外相ブリアンの名前をとってケロッグ・ブリアン（または、ブリアン・ケロッグ）条約とも呼ばれる本条約は、第一条において、戦争を実質的な防衛戦争、すなわち自衛戦争（war of self-defense）と、防衛的でない攻撃（侵攻）戦争（aggressive war, war of aggression）とに分けて、後者を違法化しようと試みた。その第一条には、「締約国は、国際紛争解決の為戦争に訴うることを非とし、且その相互の関係において国家の政策の手段としての戦争を放棄することをその各自の人民の名において厳粛に宣言す」とある。

ここで非難された「国際紛争を解決するための戦争」と、放棄された「国家の政策の手段としての戦争」とは、自衛戦争ではない戦争、すなわち侵攻戦争であるという了解が準備交渉中に関係諸国間で得られて、そのような用語の解釈が、当時の国際社会で一般的に採用されるに至った。不戦条約は、自衛戦争ではない戦争、つまり侵攻戦争の違法化を意図したものであった。

この不戦条約の批准に際して、各国の政治家たちが最も不安を感じたのが、この条約によって、自国が行なう正当な戦争を他国から「侵攻戦争だ」と非難されるのではないかということであった。このため、本条約の起草者である**米国務長官ケロッグ**は自国の議員を説得する必要を感じ、一九二八年（昭和三年）四月二十八日、アメリカ議会で次のような演説をした。

《アメリカの作成した不戦条約案中には、自衛権を制限乃至《ないし》毀損するが如き点は少しも存しない。自衛権はすべての独立国に固有のものであり、又あらゆる条約に内在している。各国家はいかなる場合においても、各条約の規定如何にかゝわらず、攻撃もしくは侵略から自国の領土を防衛する自由をもち、自衛のために戦争に訴うる必要があるかどうかは、その国のみがこれを決定し得るのである。正当な理由ある場合には、世界はむしろこれを賞讃し、これを非難しないであろう。》

（日本外交学会編『太平洋戦争原因論』p.491.）

不戦条約には「国家の政策の手段としての戦争の放棄」を謳っているが、自衛のためならば戦争に訴えても構わないし、その必要があるかどうかもその国の判断に任されている。だから、心配は無用である――こうケロッグ国務長官はアメリカの議員たちに訴えたのである。

このケロッグ長官の演説は国内向けのレトリックではない。ほぼ同じ趣旨の公文を一九二八年六月二十三日付で、アメリカ政府は日本を含む関係諸国に送達している。その中に次の言葉がある。

《不戦条約のアメリカ案中のいかなる規定も、自衛権をいささかも制限または毀損するものではない。自衛権は、あらゆる主権国家に固有なものであり、あらゆる条約中に暗黙裡に含まれている。各国は、いかなる場合にも、条約規定とは関係なく、自国の領域を攻撃または侵入から防衛する自由を有し、かつ自国のみが、事態が自衛のため戦争に訴えることを必要とするか否かにつき決定する権限を有する。》(『各法領域における戦後改革』p.79.)

平たく言えば、アメリカ政府は、自国が行なった戦争が自衛戦争か否かは自国で決定することができるとの留保付で「不戦条約」を批准することを各国に求めたのである。この解釈に従えば、自らが「侵攻戦争だ」と宣言しない限り(そのような自国に不利になることをするわけがないが)、国際法上、自らの起こした戦争を他国から「侵攻」だと批判されることはないことになる。

なお、日本政府は一九二八年七月二十日付のアメリカ代理公使宛の覚書の中で、不戦条約に対する日本の解釈がアメリカ政府のそれと同一であることを明らかにしている。

また、この「不戦条約」の原加盟国であるイギリス政府も、批准にあたって次のような留保条件をつけることを宣言した。

《世界には、その福祉と保全とがわが国の平和と安全のために特別かつ死活的な利益を構成する諸地域がある。イギリス政府は、このような地域への干渉が行われてはならないことを明らかにしようと、過去において努力してきた。このような地域を攻撃から守ることは、イギリスにとり自衛措置である。イギリス政府は、新条約はこの点に関する行動の自由をそこなわないという明確な了解のもとに、新条約を受諾するものであることが、明瞭に理解されなければならない。》(『各法領域における戦後改革』p.80.)

当時、イギリスは世界中に植民地をもっていたが、その植民地(法的には自国領土の一部)防衛だけでなく、「わが国の平和と安全のために特別かつ死活的な利益を構成する諸地域」——これは直接的には先ずエジプトのスエズ運河の権益を念頭に置いたものと理解されているが——を守ることも自衛権の行使とすることを世界各国は了解してほしいと述べたわけである。

この留保条件によって、不戦条約が認めた「自衛戦争」は自国の領域の防衛に限定されないと解釈されることになった。そこで当時の日本政府は、イギリスにとってのスエズ運河と同じく、日本にとって死活的な利益を構成する地域である「満洲その他の地域における権益保護」のために実力を行使することも「自衛」の一環であるとの解釈を採用したのである。

ケロッグ国務長官はまた上院外交委員会で証言し、

《アメリカ政府は、自衛の問題の決定を、いかなる裁判所であれ、それに委ねることを決して承認しないであろう。また（他国政府も）この点については同様に承認しないであろう》（『各法領域における戦後改革』p.79.）

と述べ、交戦国の双方がともに「これは我が国にとっては自衛戦争であり、侵攻（侵略）したのは相手国だ」と主張した場合は、自衛か侵攻かの認定の問題は「裁判に付し得ない」（injusticiable）法的状況にあることを認めたのである。

こうした各国の留保条件を丹念に検討し、東京裁判で高柳賢三弁護人は、不戦条約の締約国の意思を次のように簡潔にまとめている。

《(1)本条約は、自衛行為を排除しないこと。

(2)自衛は、領土防衛に限られないこと。

(3)自衛は、各国が自国の国防又は国家に危険を及ぼす可能性ある如き事態を防止するため、その必要と信ずる処置をとる権利を包含すること。

(4)自衛措置をとる国が、それが自衛なりや否やの問題の唯一の判定権者であること。

(5)自衛の問題の決定は、いかなる裁判所にも委ねられ得ないこと。

(6)いかなる国家も、他国の行為が自国に対する攻撃とならざる限り、該行為に関する自衛問題の決定には関与すべからざること。》（『太平洋戦争原因論』p.492.）

■「『平和に対する罪』など存在しない」（フォン-グラーン教授）

ところが、東京裁判において検事側は、不戦条約をほとんど唯一の根拠として、「侵攻戦争は犯罪」とし、日本の戦争が「侵攻戦争であるかどうか」を裁判で認定する権限は連合国側にのみあり、「自衛権の発動は、相当に予想される武力的領土侵入の場合に対してのみ許されるのであって、武力包囲とか、いわんや経済包囲に対して許されるものではない」と主張したのである。

この主張が米国務長官ケロッグ、仏外相ブリアンの解釈と真っ向から対立することは言うまでもない。不戦条約を踏まえるならば、日本にとって死活的な権益の存在する「満洲」を実力で守り、かつ、連合国の武力的経済包囲網によって国家は危機に陥ったと判断して、戦争に訴え、その行動を自ら「自衛戦争」であると解釈する権限を、日本は有していたと判断するのが妥当であろう。

不戦条約をめぐる連合国側と日本側のそれぞれの主張を厳密に検討した上で、インドの**パール判事**が、検事側の主張を斥けて次のように述べたのも国際法学者ならば当然のことであった。

《ある戦争が、自衛戦であるかないかという問題が依然として、裁判に付することのできない問題として残され、そして当事国自体の「良心的判断」のみにまつ問題とされている以上、パリ［不戦］条約は現存の法律になんら付加するところがない》（『パル判決書（上）』p.331.）

このパール判事の個別意見を現在の国際法学者の多くが支持している。例えば、アメリカの**ミネソタ大学教授ゲルハルト・フォン-グラーン**は、

《ドイツ及び日本の被疑者が容疑をかけられている犯罪を犯した頃、国際連盟及びパリ協定の盟約［不戦条約］が存在していたにもかかわらず、主権国が後に侵攻戦争と呼ばれる行為を計画し実行することを禁ずる国際法の規定はなかったということを指摘しておかなければならない。当時も今日も、「平和に対する罪」など存在しないことを支持する理由などいくらでも挙げることができる。》（*Law Among Nations*, p.773.）

と述べた上で、自衛戦争以外の戦争が不戦条約によって国際法上犯罪とされたとは認めることはできない以上、連合国が主張した「平和に対する罪」はでっちあげに等しいと酷評している。

また、著名な国際法学者でエジプトの**カイロ警察アカデミー講師、アーメド・M・リファート**も

《現在問題としている世界戦争［第二次世界大戦］が始まった期日まで、国際社会においては、いかなる戦争も〝犯罪〟とはならなかった。〝正義の戦争〟と〝不正な戦争〟との違いは、国際法学者の学説の中においてのみ存在していたのである。パリ条約は戦争の性格を変えなかったし、国際社会における戦争に関して刑事上の責任を問うことはできなかった。戦争はこれまでと同じく法の圏外に取り残されたのであり、戦争遂行のあり方のみが法的規律の下に置かれたのであって、いずれかの戦争を犯罪とするいかなる慣習法も発達しなかったのである。》（*International Aggression*, p.163.）

と述べている。東京裁判が行なわれた当時、国際法は「いかなる戦争をも犯罪とすることはできなかった」というのが国際法を少しでも知る者の〝常識〟だったのである。

また、戦時中のイギリス外交政策の実質的な責任者である**英国外務次官サー・アレグザンダー・カドガン**も一九四五年（昭和二十年）四月二十三日付覚書に

《これらの行為［平和に対する罪］は通例の意味の戦争犯罪ではなく、またこれを国際法上の犯罪と呼ぶにふさわしいかどうかも明らかではない。》（『勝者の裁き』p.69.）

と記していた。実は「条例」を起草するために開かれたロンドン会議でも、フランスの大審院判事であった**ロベール・ファルコ**が次のように主張していたことは、注目されよう。

《われわれは、侵略戦争を開始することが犯罪行為である、とは思いません。戦争が個人の犯罪行為である、というならば、それは現行法を超えていると思います。将来、侵略戦争を開始した国家が、道徳的・政治的な責任を問われるようになるかも知れません。だが、現行国際法上、そのように結論することは誤っている、と思われます。……侵略戦争の開始のごとき、現に犯罪ではない行為を処罰した、とあとから批判されるようなことは、われわれは望んでおりません》（『勝者の裁き』p.69.）

仮に「不戦条約が侵攻戦争を違法化した」という検察側の主張を認めたとしても、それで侵攻戦争

を「国際犯罪」とすることはできない。国際法に違反した行為、つまり「国際不法行為」を行なった国家には損害賠償、もしくは原状回復の責任が生ずるが、それは「国際犯罪」ではない。犯罪の構成要件、それから犯罪者に対する刑罰、あるいは犯罪行為を認定できる機関、そういう必要事項を定めた国際刑事条約が成立して、その中で、これこれの行為は犯罪であると特定した場合にのみ、あるいはそれと同等の慣習法が熟成した場合にのみ、「国際犯罪」は成り立つのである。

それでは、「不戦条約」に、侵攻戦争を国際犯罪とするための構成要件が細かく定められていたか。否である。とするならば、「不戦条約は侵攻戦争を国際犯罪としていない」というのが国際法学者の〝常識〟なのである。

しかし、こうした国際法の〝常識〟は無視された。かくして東京裁判を強行した連合国側の政治家や検事たち、そして多数派判決を支持した判事たちは、「国際法無視の事後法（厳密には〝法〟とは言えない）をでっちあげた人々」として、その悪名を国際法の世界に永く残すこととなったのである。

■定義なき「侵攻」の濫用を戒めたリファート博士

そもそも不戦条約では「侵攻戦争」についての厳密な概念規定がなされていなかった。

いかなる行動が侵攻戦争となるのか、その定義すらないのに、多数派判決は一九四一年（昭和十六年）十二月八日の真珠湾攻撃を論じた箇所において、日本の行動を次のように「侵攻戦争だ」と認定したのである。

《［真珠湾攻撃は］挑発を受けない攻撃であり、その動機はこれらの諸国の領土を占拠しようとする欲望であった。「侵略〔侵攻〕戦争」の完全なる定義を述べることがいかにむずかしいものであるにせよ、右の動機で行われた攻撃は、侵略〔侵攻〕戦争と名づけないわけにはいかない。》(『勝者の裁き』p.78.)

連合国は、日本の戦争は侵攻戦争に決まっているのだから、侵攻戦争の定義があろうがなかろうが、日本は犯罪国家なのだ――こう断言したのである。この判決を**マイニア教授**は皮肉をこめて次のように痛烈に批判している。

《定義というものは、個々の事例を考察してのちに、下されるべきものであって、はじめに具体的な定式をつくってはならないことは明らかである。だがわれわれ〔連合国〕は、侵略が何であるかわからないのに、ドイツと日本が侵略をなしたことはわかっていたことになる。》(『勝者の裁き』p.78.)

また、戦後、エジプトの**リファート博士**は国際法の厳正な適用を擁護する立場から、国際法の〝常識〟を無視して東京裁判を行なった当時の連合国の行動に対して次のようなパール判事の見解を引用して、定義なき「侵攻」用語の濫用を戒めた。

《「厳密な定義が確立されていない以上」〝侵攻的〟という語のもつカメレオン的性格は、敗戦国側の指導者を意味するだけのものとなるだろう。だとするならば、国際体制の中に危険な原理を導入し、国際社会における平和的関係を妨害することになるのである。》(*International Aggression*, p.164.)

もっとも国際法学者の中には、「平和に対する罪」などが事後立法であり、「侵攻」の定義が確立されていなかったとしても、ナチス・ドイツの犯罪を罰するために連合国が立法したことは、国際平和を希求する立場から認められるべきではないかと述べる人もいる。(しかし、事後法を作成しなくても、ユダヤ人虐殺などの残虐行為については当時存在していた国内刑法で処罰することが可能であった)

ニュルンベルク裁判所の条例を起草するために開催されたロンドン会議でも、ほかならぬアメリカ代表のジャクソン判事が「平和に対する罪」などは当時の国際法に存在していなかったことを認め、だからこそ、同会議は法を制定する権限を有する、と主張した。

では、何を犯罪と定め、いかにして法を作成するのか。ジャクソン判事はルーズベルト大統領に提出した報告書の中で、

《何が犯罪であるかを判別するに際して、われわれはアメリカ国民の良心を真底から憤激させ、かつアメリカの自由や文明にとってナチス権力が不倶戴天の敵である、と確信せしめた、あの本能に依拠するならば、決して過ちを犯さないであろう。……アメリカ国民のあの本能は正しく、それこそ、ある行為の犯罪性を見分ける基準となるものである、と私は信じる》(『勝者の裁き』pp.36〜37.)

と述べている。外国に対しては、ハワイ王国を武力で制圧し、リカルテ将軍率いるフィリピン独立運動を弾圧して植民地とし、国内では土着のインディアンを大量に虐殺して衰微に追い込み、黒人を差別し、日系人を非白人であるという理由で迫害した白人支配者の〝良心〟〝本能〟とは何なのか。ともあれ、このアメリカ＝国際正義という、余りにも独善的な主張に対して、一九七一年、**マイニア教授**は次のように批判している。

《法がこのように定義されるのであれば、それは連合国側がきわめて強い嫌悪を示していた、ナチスのあの法とほとんど異なるところがないように思われる。あのナチスの法とは一九三五年六月二八日の法のことであって、それによれば、「本法に於て処罰すべしと定めたる行為、若《もしく》は刑法の基本理念及び健全なる国民感情によりて処罰に値する行為を為したる者は、処罰せらるべし」と規定されていた。このいずれの場合にも、「本能」あるいは「健全なる国民感情」に訴えることによって、検察官は、疑わしい行為が法規に違反することを立証せずに、済むわけである。》（『勝者の裁き』p.37.）

いかなる理由があるにせよ、戦勝国による恣意的な事後立法は、それまでの国際法の適正にして健全な形成努力の積み重ねを無意味にしかねない、危険なものだった。パール判事も指摘しているように「国際関係において、秩序と節度の再確立に実質的に寄与するものは、真の法律的手続による法の擁護以外にはあり得ないのである」。政治的動機により実定国際法の蹂躙を敢えて犯した連合国の責任を、世界平和を希求する国際法重視の立場から、私たちは厳しく追及し続けるべきなのである。

■「共同謀議」理論を疑問視したセイヤー教授

東京裁判では、被告のすべてが共同謀議の立案または実行に参画したという罪状のもとに訴追された。この「共同謀議」について、ハーバード大学の**フランシス・B・セイヤー教授**は、

《共同謀議の理論は変則的、地方的な理論であると共に、そのもたらす結果もかんばしからぬものである。羅馬《ローマ》法はかやうな理論を知らず、又それは現代大陸諸国の法典中にも見当らない。大陸の法律家でかやうな理論を聞知してゐる者は稀である》(『東京裁判　日本の弁明』p.148.)

と述べている。このことからも判るように、「共同謀議」理論は国際法の世界では極めてなじみの薄い理論であったが、この理論を使うことで、高柳賢三弁護人が冒頭陳述で指摘したように、

《一度ある戦争が侵略戦争又は国際法もしくは条約を侵犯する戦争と宣言せられれば、自国に対して戦時的奉仕をなした者は全て、他人が犯した殺人その他のおそるべき犯罪につき、たとへ何時、何処で、誰がかかる罪を犯したのであるか全然知らなくても、これについて責任を負はねばならぬこととなる》(『東京裁判　日本の弁明』p.149.)

という問題が生まれてきた。

このため清瀬一郎弁護人は、昭和二十二年(一九四七年)二月二十四日の冒頭陳述において、

《本法廷憲章中の第一の犯罪たる共同謀議《ぼうぎ》――コンスピラシイといふ罪は法廷憲章中に其の名称が挙げられてあるのみで定義が下されて居りません。共同謀議を処罰するチャーター〔極東国際軍事裁判所条例〕の規定が適法であるか不適法であるかは別として何か定義を下さなければ検察官に於て犯罪であるとして主張せられる事実を定める事が出来ません。同時に被告側が如何なる証拠を提出せねばならぬかを知ることが出来ませぬ。

検察側は合衆国の下級連邦裁判所の判例を引用して共同謀議を定義せんと試みられました。而《しこう》してかゝる裁判所の判例には議論の余地がないと主張せらるるごとくであります。この裁判所は国際裁判所であります。また裁判官御自身既にこの裁判所がその地位に鑑《かんが》みて、仮令《たとい》合衆国の憲法であつても当然これを適用するが如きことは考へてをらぬとの意見を述べてをられます。従つてこの裁判所が米国憲法の規定の所産であるに過ぎない連邦下級裁判所の判例をそのまゝ採用せらるゝが如きことは益々《ますます》以てあり得べからざることといはねばなりません。》（『東京裁判 日本の弁明』pp.80～81.）

として、僅かにアメリカの下級裁判所の判例としてしか示すことができないほど特殊な理論を、国際的に普遍的な理論が採用されるべき国際裁判所で用いることの不当性を訴えたのである。

この訴えもやはり多数派判決では無視された。しかし、この多数派判決に結論的には同意しながらも、**ウェッブ裁判長**は次のような個別意見書を提出し、清瀬弁護人の主張に理解を示した。

《本裁判所には、英米の概念に基づいて、純粋な共同謀議を犯罪とする権限はなく、また各国の国内法において共同謀議とされている犯罪の共通の特徴と認めるものに基づいて、そうする権限もない。多くの国の国内法が、国家の安全に影響を与える純粋な共同謀議を犯罪として取り扱っているかも知れない。しかし、国際秩序の安全のために、純粋な共同謀議という犯罪があると本裁判所が宣言することは、裁判官による立法をおこなうことに等しいであろう。》（朝日新聞東京裁判記者団『東京裁判 下』p.308.）

■「共同謀議」史観を批判したミアーズ女史

満洲事変以降の日本の国策を「共同謀議」で説明できるとした検察側の主張にも強い反論が出された。例えば、アメリカ人の**ウィリアム・ローガン弁護人**は一九四七年（昭和二十二年）二月二十五日の冒頭陳述において、次のように述べた。

《侵略戦争を開始し遂行する為の継続的共同謀議と云ふものはありえなかつたと云ふ事は事実を以て立証せられます。その事実とは一九三一年（昭和六年）九月の満洲事変、一九三七年（昭和十二年）七月の支那事変並に一九四一年（昭和十六年）十二月の太平洋戦争が夫々《それぞれ》勃発《ぼつぱつ》した当時の二つの内閣の何《いず》れかの閣僚たりし者は被告の中には居らぬと云ふことであります。》（『東京裁判 日本の弁明』p.266.）

この共同謀議の前提には、日本はそもそも侵攻的であったとの考えがあるのだが、その考え自体が疑わしいとして、占領軍総司令部労働委員会顧問で、アメリカの優れた日本研究家である**ヘレン・ミアーズ女史**は次のように指摘する。

《「世界で最も無慈悲な侵略者」である国民が、「二千六百年」もの長い年月、「世界征服」の努力を続けて来て、しかも「絶対不敗」だったのに、真珠湾攻撃の当時になつて、やつと、その小さな島国本土と、ごく僅かな近隣の重要ならざる、所所の小島や朝鮮とで成立した「帝国」になつた、といふのは莫迦々々しいにも程があるといふものだ。この帝国のほかに、日本は委任統治領の島々や、満洲国をも支配した。だが、それは僅かに第一次大戦以来のことだつた。近代期以前の日本の歴史は、約千八百年間に亙るが、この間、日本は自国の本土以外に、何らの領土をも獲得しなかった。侵略的拡張の日本の近代期は、我がペルリ提督が「蓋を揚げて」、日本の近代を招来した時から約五十年経つて、始まつたのである。

日本歴史中の事実は、日本国民が天性、侵略的であるという考へには極度に矛盾するのである。》

（『アメリカの反省』p.162.）

この『アメリカの反省』、原著名『Mirror for Americans: Japan』はアメリカで一九四八年に刊行され、大変な反響を呼んだ。アメリカの詩人・劇作家で、一九二六年度ピュリッツァ賞劇部門の受賞者である**ジョージ・ケレィ**はこの本の読後感を、

《一八五三年以来、過去二百年間、鎖国裡に、平和を享有してゐた国民が、何故、一九四一年に

は、世界動乱の焦点となつたのか？　日本は果して、朝鮮で、満洲で、大東亜共栄圏で、何を、如何なる理由の下に、行つたのか？　日本の罪とは、果して何であり、我がアメリカの刑罰は、果して適当なものであるのか？　……果して我々アメリカ人に、日本国民の再教育ができるのか？　……か丶る質問こそ、ミアズ女史の本書の根底を成すものである。……本書は、我々の征服した敵に対する我々の尊大な態度を、根底から動揺させるものである……。》（『アメリカの反省』p.408.）

と記し、「日本の政治家、軍人、財界人、学者などの指導者たちは共同謀議によって侵攻戦争を計画、実行した」とする東京裁判の歴史観に強い疑問を投げかけたのである。

日本語版訳者の原百代さんは占領中の一九四九年（昭和二十四年）五月、この本をすぐに翻訳して出版しようとしたが、GHQから発禁処分を受けることになった。GHQがプレス・コードを敷き、東京裁判批判にかかわる言論活動の一切を検閲していたことを、一般の日本人は何ら知らされていなかった。そのため、原さんは発禁扱いされた理由を知りたいと、直接GHQに願い出たが、ついに理由は示されることなく、発刊も許されなかった。訳書が日の目を見たのは、講和成立後の一九五三年（昭和二十八年）のことであった。なお平成七年（一九九五年）に発刊され話題を呼んだ『アメリカの鏡・日本』は、この『アメリカの反省』の再訳本である。

マイニア教授も一九七一年（昭和四十六年）に、複雑多岐にわたる歴史をすべて「共同謀議」によって描こうとすること自体が無理であったのだとして、次のように総括している。

《戦争まえの日本の歴史を書こうとした極東国際軍事裁判所の試みは、見事に失敗した。失敗の原因は裁判所自体の偏見に求めることもできたが、最大の原因は、東京裁判の背後にあって東京裁判の進路を支配した基本的な誤謬であった。起訴状や判決の前提となったのは、日本の歴史が共同謀議によって説明できるという考えであり、かつこの共同謀議が侵略的性格を持っていたという考えであった。偏見なしに証拠が検討されておれば、こうした誤謬は抜本的にただされていたことであろう。だが極東国際軍事裁判所は、偏見なしに証拠を検討するつもりなど、はじめから持っていなかった。…東京裁判の誤りは、偏見や証拠の取り扱いの制約にも責任の一半があった。しかし最大の責任は、基本的な誤謬、すなわち、問題の事件を裁判にかけることができるとした誤謬、に求められなければならない。》（『勝者の裁き』pp.185～186.）

また、既に東京裁判当時、米コーネル大学の**P・W・シュレーダー教授**も歴史家の立場から

《歴史の過程は複雑すぎて、一つの軍事裁判所の判決で説明し切れるものではない。》（『勝者の裁き』p.185）

と指摘していた。しかし、判決では、二十五名の被告の内、二十三名がこの犯罪的な共同謀議の参加者として有罪であると認定され、そのうち二名は共同謀議についてのみ有罪とされ、終身禁固刑を宣告されたのである。

そして、残念なことに東京裁判の判決を盲目的に受け入れた、いわゆる〝進歩的文化人〟と言われ

る人々によって、我が国の近現代史は「軍国主義者たちによる〝共同謀議〟の歴史であった」と喧伝《けんでん》されることになったのである。

■イプセン教授の「個人責任論」批判

東京裁判では「国際法上、国家の行為について個人に刑事責任を問うことができるか」という問題も、争点の一つであった。

これまで戦争は国際法上の人格を持つ国家の相互間の事件で、敗戦国は通常、賠償金の支払いや領土の割譲という代償は支払ったが、戦争遂行自体が犯罪であるとして、その指導者が個人的刑事責任を追及されるようなことはなかったのである。この「個人責任」という概念が導入されたのも、一九四五年（昭和二十年）夏のロンドン会議においてであった。この会議では、次のように論争が繰り広げられた。

米代表ジャクソン　「敗戦国の指導者は処罰されるべきだ」

仏代表ファルコ　「侵攻戦争を開始することは、国家にとって犯罪となるかも知れませんが、だからといって、戦争を開始した個々人が犯罪をなしたことにはなりません」

英代表ジョウィット　「だが、あなたは、現実にその戦争を自ら開始した個々人が犯罪をなした、とはお考えになりませんか」

ファルコ　「そう考えることは道徳的、政治的には望ましいことかも知れませんが、国際法ではそうなっていない、と思います」

結局、仏政府代表ファルコの反対は押し切られ、ニュルンベルク国際軍事裁判所条例第六条、また東京国際軍事裁判所条例第六条には、「何時たるとを問わず被告人が保有せる公務上の地位、若は被告人が自己の政府又は上司の命令に従い行動せる事実は、何れもそれ自体当該被告人をしてその間擬せられたる犯罪に対する責任を免れしむるに足らざるものとす……」と規定されることになった。

東京裁判の冒頭陳述でキーナン検事は、「個人が国家の首脳者として公の資格に於て犯した不法行為について、歴史上初めて個人として罪を問われる為に、本法廷に召喚されておる……のであります。我々はこれらの裁判はその意味において先例のないものであることを率直に認めます」と、現行の国際法では個人に責任を追及できないことを認めながら、「しかしながらもし我々が先例を待ちかつ先例がないという理由で我々を自縄自縛しておるならば、重大なる結果が、何らこれを正当視すべき理由も事情もなくして起り得ることを認識することが肝要であります」と、新たな立法措置を正当化した。

この論告を支持した多数派意見の判事たちは、「国家の行為に対して個人の責任を問いうる」と結論し、東條英機元首相以下七名に絞首刑、他の被告にも刑罰を宣告した。この結論を支える唯一の根拠として、多数派判決はニュルンベルク判決の次の文言を引用した。

《ある事情のもとでは、国家の代表者を保護する国際法の原則は、国際法によって犯罪的なものとして不法化されている行為には、適用することができない。これらの行為を行った者は、適当な裁判による処罰を免れるために、公職の陰にかくれることはできない》（『勝者の裁き』p.67.）

つまり、侵攻戦争という国際犯罪を犯した国家に属するしかるべき個人に対しては、その責任を追及できるはずだと言い張ったのである。しかし、ロンドン会議で仏代表ファルコが強調したように、当時、国際責任は明白に国家の責任であり個人の責任ではなかった。不戦条約にも「侵攻戦争という不法行為の責任を個人が負う」とは一言も書かれていない。

このため、国際法の権威である常設国際司法裁判所の**マンレー・O・ハドソン判事**も当時から、

《政治機構に関してどのような発展が、まさに行なわれようとしているにせよ、国際法の及ぶ範囲を拡大して、国家もしくは個人の行為を不法とし、これを処罰する司法作用を包含させるには、現在は未だその時機が熟しているとはいえない。》(『東京裁判の正体』p.329.)

として、国家の不法行為について個人が刑事責任を追及される考えに反対の意向を示していた。

また、西ドイツ(当時)のルール大学の**クヌート・イプセン学長**は、一九八三年(昭和五十八年)に東京で開催された「『東京裁判』国際シンポジウム」の席で、次のように述べ、同席した他の国際法学者からも支持された。

《個人が責任を問われるべき行為は、前もって刑法に規定された場合に限り裁判と処罰の対象とされるということは、広く文明国によって認められた法の一般原則であります。国際軍事裁判所自らが認めたように、「『法律なければ犯罪なし』という法諺《ほうげん》は主権を制限するものではなく、一般的な正義の原則」であります。しかしながら、国際軍事裁判所が行ったように、不戦条約違反を

国際刑法の法源の一つとみなすことは、一般的に認められる解釈の方法にもとづいたものとは言えないのです。

従って、条例と国際軍事裁判所は、法的基礎を欠く以下の二つの点において、当時の国際法の枠組を逸脱しておりました。すなわち、㈠条約義務の違反に対する国家責任が個人責任に置き換えられた。そして、㈡この個人責任は新たに創出された国際刑法の根拠とされた、という点であります。それ故平和に対する罪に関する国際軍事裁判所の管轄権は疑わしいのであります。》(『東京裁判を問う』pp.38～39.)

■「不作為犯」理論に反対だったランシング米国務長官

連合国は、戦前・戦時中、日本軍が中国大陸、ジャワ、シンガポール、マニラ、香港などその戦闘地域及び占領地域において、略奪、暴行、凌辱、殺人、俘虜虐待などの非道の限りを尽くしたとして、それら戦争の法規・慣例(交戦法規)違反の残虐行為を命令したり、あるいは手掛けたとする日本人将兵(戦時中日本国籍を有していた朝鮮人、台湾人も含む)をB・C級戦犯として訴追し、アジア各地に設けた軍事裁判所で裁判にかけ、一千余名を処刑した。

更に東京裁判においても、日本人吏員に対し、戦争の法規・慣例の違反行為を「頻繁にして常習的に」なすことを「命令し授権し且つ許可すること」を共謀し(訴因第五三)、それらの違反行為を現実に「命令し授権し且つ許可し」(訴因第五四)たか、あるいは、戦争の法規・慣例の「遵守を確保しその違反を防止するに適当なる手段を執るべき法律上の義務を故意又は不注意に無視した」(訴因第五五)として、それら交戦法規違反の行為が日本人将兵によって行なわれた時期に責任ある立場にあった指導者たちを、「通例の戦争犯罪及び人道に対する罪」を犯したA級戦犯として訴追した（訴因第五三については、検察側が最終論告でその訴追を取り下げた）。

この「通例の戦争犯罪及び人道に対する罪」について、**パール判事**は「全員無罪」とした。たしかに日本軍による残虐行為はあったが、ドイツと違って日本の場合は一般市民の虐待に関する「命令、授権または許可が与えられたという証拠は皆無」であり、捕虜虐待が政府の政策であったことを示す証拠もないとして、次のように判定したのである。

《本件の当面の部分に関するかぎり、訴因第五十四において訴追されているような命令、授権または許可が与えられたという証拠は絶無である。訴因第五十三にあげられ、訴因第五十四に訴追されているような犯行を命じ、授権し、また許可したという主張を裏づける材料は、記録にはまったく載っていない。この点において、本裁判の対象である事件は、ヨーロッパ枢軸《すうじく》の重大な戦争犯罪人の裁判において、証拠によりて立証されたと判決されたところのそれとは、まったく異なった立脚点に立っているのである。》（『パル判決書（下）』p.590.）

残る訴因第五五の、いわゆる「不作為犯」についても、**パール判事**は、故意または不注意により義務を怠ることは条例から見ても犯罪とはならない、と主張した。

《本裁判所条例が犯罪としてあげるところは、「戦争法規マタハ戦争慣例ノ違反」に止まる。条例は戦争の法規「ノ遵守ヲ確保シソノ違背ヲ防止スル適当ナル手段ヲ執《ト》ルベキ法律上ノ義務」の「無視」は犯罪としてあげていないのである。もし訴因第五十五をもって「故意ニマタ不注意ニ法律上ノ義務ヲ無視」することそれ自体が犯罪を構成することを意味するものとするならば、その場合は、訴因第五十五で訴追されている犯罪は本裁判所条例の規定外の犯罪となり、したがって本裁判所の管轄外となるであろう。》（『パル判決書（下）』p.548.）

この「不作為犯」については、これ以前にも否定的な先例がある。一九一九年（大正八年）、ベルサイユ会議の責任問題委員会のアメリカ代表**ロバート・ランシング国務長官**らは、「戦争の法規・慣例の違反を……防止しなかった」ことに対して公吏の責任を問う「不作為犯」理論を、次のように痛烈に攻撃していたのである。

《「［「不作為犯」理論の導入に］アメリカ代表は絶対的に反対する。犯罪を構成する行為をなした個人や自己の権限に基づいて他人に犯罪行為をなすように命じた個人を処罰することと、戦争の法規・慣例の違反を防止しなかったり、停止しなかったり、あるいは抑止しなかった個人を処罰することは、まったく別の問題である。前者の場合には、当該個人は自ら行為したり他人に行為するように命じたりするのであって、自ら犯罪行為をなしているのである。だが後者の場合には、当該個人は他人の行為について処罰されるのであって、しかもそれは、かれが問題の行為がなされるのを知っていたか、または知っておればその行為を止めえたことが証明されない場合においてである。》（『勝者の裁き』p.88.）

しかし、多数派判決は、東條英機元首相を捕虜の使役を命じたことをもって訴因第五四について有罪とし、死刑を宣告した。また、いわゆる「南京大虐殺」事件当時、外務大臣だった廣田弘毅元首相に対して南京で残虐行為が続けられているとの報告を受けながら、直ちに残虐行為中止の措置をとらなかったという理由で訴因第五五で有罪とし、侵攻戦争遂行の共同謀議での有罪と合わせて死刑を宣告した。さらに南京事件の際に中支方面軍司令官であった松井石根大将に対しても「南京大虐殺」事件の残虐行為を許可または指示した事実はなかったと認定されたものの、訴因第五五、つまり南京事件を阻止しなかったことをもって有罪とし、死刑を宣告したのである。

「共同謀議」理論といい、「個人責任」理論といい、「不作為犯」理論といい、米欧戦勝国は国際法をねじ曲げるだけでは飽き足らず、当時国際法では認知されていなかった理論までも持ち出して、日本の指導者を裁き処罰したのである。アメリカ連邦最高裁判所のダグラス判事らが「東京裁判は司法的な法廷ではなかった。政治権力の道具に過ぎなかった」と批判したのも無理からぬことである。

■「合法的手続の仮面をかぶった復讐」(マーフィ連邦最高裁判事)

「不作為犯」理論に関連して、「山下裁判」について触れておきたい。

戦後、いわゆる「通例の戦争犯罪」を犯したB・C級戦犯を裁くために各地で連合国は軍事法廷を開いたが、その嚆矢《こうし》となったのが、元第二十五軍司令官の山下奉文《ともゆき》大将をB・C級戦犯として裁いたマニラの「山下裁判」であった。(B級は、軍隊の上級指揮官を対象とする裁判、指揮、命令、あるいはその不作為責任を問われている裁判の意味で、C級は、残虐行為、俘虜虐待などの直接責任者、実行者などの裁判の意味)

山下大将は大東亜戦争緒戦のシンガポール陥落の際、敵将パーシバルに「イエスかノーか」を迫って、「マレーの虎」と恐れられた勇将であった。その後、山下大将は敗色濃い一九四四年(昭和十九年)十月、第十四軍司令官としてマニラに赴任し、マッカーサー将軍率いる大軍と戦うことになった。兵力において圧倒的に劣勢な日本軍は、マニラを放棄し、山岳地帯にたてこもるのが得策であると山下大将は判断した。だが、山下大将の命に抗してマニラを死守しようとした海軍防衛部隊と陸軍の野口支隊二万名が徹底抗戦を展開したため、マニラは米軍の艦砲射撃を受けて灰燼《かいじん》に帰し、市民の犠牲者は六万人にも上った。

終戦後二カ月も経たない一九四五年(昭和二十年)十月八日、山下裁判は慌ただしく開廷された。その起訴状には、「日本帝国陸軍大将山下奉文は、一九四四年十月九日より一九四五年九月二日にわたり、日本軍司令官たりし間、マニラおよびフィリピン群島の他の諸地点におけるアメリカ合衆国およびその同盟国との戦闘において、指揮下軍隊の構成員の行動を統制すべき司令官の任務を不法にも無視し、その職責の履行を怠り、アメリカ合衆国およびその同盟国並びに属領に隷属する市民、とくにフィリピン人に対する部下の非道なる残虐行為、その他の重大犯罪を許容せり。これにより山下大将は戦争法規に違反せるものなり」と記されていた。いわゆる「不作為犯」に問われたのである。

山下大将は戦争犯罪人として告発され裁判が始まったが、すべてがマッカーサーの指示・命令によるものであった。六名の検察官、五名の裁判官全員がマッカーサーの部下によって構成された。しかも裁判官に法律の専門家は一人もいなかった。さらにマッカーサーは訴訟手続及び証拠取り調べ手続まで自分で作成した。この恣意的な裁判に対して、十一月二十三日の口頭弁論において、アメリカ人の弁護人**ウォルター・C・ヘンドリックス陸軍中佐**は次のように訴えた。

《マッカーサー将軍は法をわがものとし、アメリカ合衆国の国内法および憲法を無視したこと、また彼は議会あるいは大統領から権限を与えられたのではないことを、われわれは主張するものであります。彼は偉大な軍人であり将軍でありますが、偉大な法律家ではないのであります。本件に関し彼が定めた諸規程は違法なるものであり……（軍事裁判所は）世界における法というものをすべて踏みにじったのであります。この判決を聞く者は、信じられないようなショックを受けるでありましょう。》（ローレンス・テイラー『将軍の裁判』p.190.）

裁判ではついにマニラでの虐殺を山下将軍が命じたことは証明されなかったにもかかわらず、十二月七日、山下大将は有罪とされ、絞首刑を宣告された。

接見を通じて山下大将の人格に傾倒するようになったアメリカ人弁護団は直ちにワシントンに飛び、米連邦最高裁判所に裁判中止の請願を行なった。一九四六年（昭和二十一年）二月四日、最高裁は弁護団の申請を却下した。軍事法廷は最高裁の管轄外という理由だったが、八人の判事のうち二人は、反対意見だった。その一人、**フランク・マーフィ最高裁判事**はマニラ裁判を「でっちあげ」と呼び、次のように批判した。

《敵戦闘員に対する不公正な裁判を強《し》い、認定されざる罪を彼［山下大将］に着せ、もしくはわれわれの報復心を彼にぶつけることは、その敵国に反意を抱かせるだけであり、世界平和に必要な和解・融和をさまたげるものである。……

敗軍の敵司令官を処置するために合法的手続きの仮面をかぶり、報復と応報の心をなんらの抑制もなくのさばらせることは、その心を起こさせるもとになったすべての残虐行為にもまして、より永久的な害毒をもたらすことになり得る》（『将軍の裁判』pp.201〜204.）

合法的手続の仮面をかぶった復讐――この言葉は、その後アジア太平洋各地で行われたB・C級戦犯裁判の実態を厳正に衝くものといえよう。

もう一人の反対意見者、**ワイリー・ラトリッジ判事**も、

《これはコモン・ローおよび憲法の伝統のもとにおける裁判ではなかった……。それらすべての伝統がかくも踏みにじられ得るとするならば、われわれは実際、新しい法の時代、だが不吉な法の時代に向かって、船出することになるのである……。》（『将軍の裁判』p.207.）

として、法の伝統をいとも簡単に無視したマッカーサーを強く非難したのである。

■「山下裁判」を批判したライシャワー博士

山下弁護団のひとりで法務官の**A・フランク・リール陸軍大尉**は、この山下裁判の不法性を訴えるべく、裁判の過程を克明に描いた『The Case of General Yamashita』を一九四九年（昭和二十四年）にアメリカで出版し、

《祖国を愛するいかなるアメリカ人も、消しがたく苦痛に満ちた恥ずかしさなしには、この裁判記録を読むことはできない……。われわれは不正であり、偽善的であり、復讐的であった。われわれは戦場において敵をうち破った。だが、われわれの心の中に、彼らの精神が勝ち誇ることを許したのである》（『将軍の裁判』p.218.）

と、アメリカ人に訴えた。この著作は講和発効後の一九五二年（昭和二十七年）、直ちに下島連訳『山下裁判』上下二巻（日本教文社）として日本でも発刊された。

その後も、この山下裁判の不法性はアメリカ人によって問題にされ、一九八一年（昭和五十六年）、弁護士であり法律関係のジャーナリストでもある**ローレンス・テイラー**が、山下・本間裁判の開廷から処刑までをアメリカの公式記録等から克明にたどり、『A Trial of Generals』としてまとめ、末尾に次のように記した。

《山下奉文と本間雅晴の裁判は、恐るべき悲劇であった。一人の輝かしい米軍指導者の記憶の陰にあって、あまりに長い間それは埋もれてきた。山下も本間もまた輝かしい指導者であったし、それに高潔な品性をも備えた人物だったのだ。彼らの記憶もまた、大いに尊ばれるべきである。……マニラ裁判は、戦争犯罪裁判は戦勝軍指導者による個人的または政治的仇討ちに悪用されてはならない、という教訓を突きつけているのである。》（『将軍の裁判』p.218.）

この翻訳が翌年早くも武内孝雄・月守晋訳『将軍の裁判　マッカーサーの復讐』（立風書房）として

日本でも刊行された。その日本版の裏表紙に、元駐日アメリカ大使でハーバード大学教授の**エドウィン・O・ライシャワー博士**が次のような文章を寄せている。

《アメリカが敗戦国日本に対して戦犯裁判を行なってから、早くも一世代が過ぎた。それらの裁判について〝勝者の正義〟がまかり通ったといわれることがあるが、とくに山下奉文および本間雅晴両将軍に対する裁きに関して、この言葉がよく当てはまる。……

軍事法廷で裁かれた山下および本間と並んで、本書ではマッカーサー将軍も裁かれている。二人の日本人将軍が、いずれも率直で、正直で、高貴でさえあったことが明らかにされている。そしてマッカーサーについては、その二重人格の陰の部分が浮き彫りにされ、彼がいかに狭量で、もったいぶった、そして復讐心にとらわれた人間であったかが示されている。

本書ではまた、アメリカの正義（裁判）も裁かれているのである。そして最終的に敗れ去ったのは、アメリカの正義であったことを証明している。軍事法廷はかく裁いた。だが歴史は、それとは異なる裁きを下すだろうことは明らかである。》

事実を丹念に追うならば、最終的に敗れ去ったのは、アメリカの正義だった――この印象的な一節がアメリカの元大使の口から出た意味は重い。マッカーサーの軍事裁判の不当性はアメリカの識者の中では、もはや隠しようもない事実として認識されていることを、このライシャワー博士の言葉は明らかにしている。

■「インド政府はパール判決を支持する」（チョプラ教育省事務次官）

国際法の観点からの検証を終えるにあたって、本書でしばしば引用したインド代表のパール判事が本国インドでは現在、どのように評価されているかについて付言しておきたい。

平成六年（一九九四年）十二月、駐日インド大使館の協力を得てインドを訪れた終戦五十周年国民委員会（代表、加瀬俊一初代国連大使）の取材チームは、インドの識者に対し、パール判決書（正式には「個別反対意見書」）に対する評価を尋ねた。

インド教育省事務次官の**P・N・チョプラ博士**は、

《日本は戦時賠償をしなければいけないとか、日本は戦争犯罪を犯したという告発に、パール博士は賛成しませんでした。博士は、インド政府の立場を十分に代弁したのです。我々は、全面的にパール博士を支持しています。このことを、我々は現在にいたるまで誇りに思っています。過去と現在を問わず、インド政府はパール博士の判決を支持しており、それは我々すべてのインド人にとっても言えることです。》（『自由と独立への道』p.61.）

と答え、インド政府がその歴史観において公式に東京裁判否定の立場に立っていることを明らかにした。インド国立歴史調査評議会理事の**T・R・サレン博士**も、

《極東国際軍事裁判は日本を侵攻者として告発しました。しかし、この戦争を特別な角度から見たのはインドの判事だけであり、私はこれに同意するものです。この裁判は侵攻国としての烙印

を日本に押すための、イギリスとアメリカのプロパガンダ［宣伝］でした。パール判事は極東国際軍事裁判の法廷は、日本を一方的な見地から偏った見方で裁判すべきではないと言明しました。……パール博士がこのような判定を下した基本的な動機は何であったか。戦時の日本は侵攻的であったとする国際的な見解を博士は覆そうとしたのです。》（『自由と独立への道』p.61.）

と語った。

更に、ジャワハルラル・ネール大学の**M・L・ソンディ教授**は、

《東京裁判では判決が二つ出たのです。一つはヨーロッパとアメリカの判決で、もう一つはアジアの判決です。私は学者として、この二つの判決は同等と見なすべきであると思っています。それぞれが異なる文化から出た判決なのです。今こそ、この二つの判決を検討し、本当の判決を下そうではありませんか。我々には新しい判決が必要です。それはバランスがとれたものでなければなりません。従って、私は世界中の全ての学者に要求したい。公正な方法で、自由にかつ将来の展望に立ち、この東京裁判の問題を見直し、検討しようではないか、と。一方に偏った文化による、いわゆる多数派の判決、あるいは勝者の判決から抜け出し、世界が平和の中に生きるために、この件を早急に取り上げる必要があります。東京裁判は正しい判決を下しませんでした。それ故に、パール判事の貢献は将来のために極めて大きいのです。》（『自由と独立への道』pp.62～63.）

と語った。ヨーロッパとアメリカの判決とは、検事側の主張を全面的に支持した多数派判決のことで

あり、アジアの判決とはインドのパール判事の判決のことである。そして、この真っ向から対立する二つの判決を検討するなかで、東京裁判をいまこそ世界的に見直すべきだと、ソンディ教授は語る。

アジア近隣諸国に配慮して、日本政府は東京裁判の歴史観(いわゆる日本侵略史観)を認めるべきだとの主張をよく耳にするが、アジア諸国の歴史観は決して同一ではない。少なくともインドは反東京裁判史観に立脚している。アジアへの配慮を言うのであるならば、右のごときインドの歴史観をも日本政府は尊重すべきではないだろうか。

【第5章】

〈東京裁判〉は平和探求に寄与したか

——残された禍根と教訓

いわゆる重大(重要)戦争犯罪人にかかわる軍事裁判は、連合国の「審判と慈悲に、絶対的に従う」従属政権をドイツ及び日本に樹立することを目的とした極めて政治色の強いものであったことは既に述べたとおりである。

しかし、一方では、軍事裁判は「二度とこんな悲惨な世界戦争を繰り返してはならない」という世界の人々の平和探求の願いがなさしめたものだという見解も表明されている。

それでは、ニュルンベルク及び東京の二つの国際軍事裁判はその後の世界平和の確立・維持に実質的な寄与をしたのか。国際法に基づく平和探求の努力を促進することができたのか。それとも、全くの逆効果を生むことになったのか。日本では少なくとも一千名を越える人々―みな守るべき家族をもっていた―が戦争終結後に、東京裁判及び各地のB・C級裁判で処刑されたが、その犠牲は、果たして平和確立の礎となったのか。

この点に関してアメリカの**コーネル大学教授シュレーダー**の見解は否定的だ。

《裁判の構成、政治情勢、戦後の初期の世論等が、東京裁判の問題についての冷静かつバランスのとれた判定を下すことを不可能にしてしまった。歴史家は、東京裁判の判決が、国際法と正義を大きく前進させたという考えを疑問視するかも知れない。》（*The Tokyo Trial and Beyond*, p.85.）

■戦後、「平和に対する罪」は正式に国際犯罪とされたか

侵攻戦争を防止するためには、たとえ事後法との謗《そし》りを受けようとも、侵攻戦争は国際犯罪であるとし、侵攻戦争を計画・準備・実行した指導者は刑事責任を追及して罰するべきである――当時、連合国側はこう弁明して、「平和に対する罪」を「人道に対する罪」とともに新たに導入し、二つの戦争裁判を強行した。それでは、その二つの戦争裁判の後、侵攻戦争は正式に国際犯罪となり、その刑事責任を個人が負うことになったのだろうか。

戦後の一九四五年（昭和二十年）十月二十四日に、連合国を中心として国際連合（United Nations＝連合国）が発足し、その基本条約である憲章の第三十九条には「安全保障理事会が侵攻行為の存在を認定する」旨が規定されたが、「侵攻 aggression」の定義は、その時点では、技術的困難性と政治的考慮のために、ついに作成され得なかった。一九四六年五月から強行された東京裁判では、同様に「侵攻」の定義が明示されないまま、日本による侵攻戦争なるものが一方的に認定された。これは国際法的に見て、重大な矛盾と言えよう。

以後の経緯を佐藤和男教授は次のように説明している。

《国際連合が発足して約二年が経過した一九四七年十一月二十一日に、国連総会は決議第一七四号により国際法委員会を設置し、同日総会は決議第一七七号によって委員会に、(イ)ニュルンベルク裁判所条例および同裁判所判決において認められた国際法の原則を定式化し、(ロ)人類の平和と安全に対する罪の法典案を作成し、前記(イ)に述べられた原則に与えられるべき地位を明示することを命じた。国際連合は、戦後の国際秩序再建の任務に直面して、諸国の行動の指針となるべき原則を確定するために、まずニュルンベルク判決の吟味を通して同裁判を導いた原則を確認しようとしたのである。》(『各法領域における戦後改革』p.93.)

この国際法委員会というのは、オランダのハーグにある国際司法裁判所を別とすれば、国際法の分野で現在最高の権威をもつ公的機関である。諸国のすぐれた国際法学者から構成され、委員数は当初の十五名から最近は三十四名に増員されている。

《国際法委員会は当初、ニュルンベルク原則が国連総会によって承認されたと考えて、その確認と定式化にその作業を限定するとともに、「人類の平和と安全に対する罪の法典案」を作成して、一九五一年に総会に提出した。一九五二年に総会はこの法典案の審議を議題にのせることなく、委員会に差し戻した。若干の修正を加えた法典案は一九五四年に総会に再提出されたが、総会は、同法典案と「侵攻」(aggression、アグレッション)――わが国では〝侵略〟という不正確な訳語が使われている――の定義との間には密接な関係があり、侵攻の定義を検討している特別委員会の報告が未完成であるとの理由で、法典案の審議を見送った。

……この法典案では、「人類の平和と安全に対する罪」の定義の核心は「侵攻行為」(act of aggression) に置かれている。したがって、「侵攻」の定義が明確にされない以前に、法典案を審議することは適当でないと考えた総会の態度は、合理的である。》(『各法領域における戦後改革』pp.93～94.)

つまり、国際連合総会は、ニュルンベルク裁判を基礎として、侵攻戦争を国際犯罪とする国際刑法を正式に立法しようと国際法委員会に依頼したのだが、「侵攻」の定義が確立されない以上、侵攻戦争を国際犯罪とすることは不可能であると委員会は返答してきたのである。

「侵攻」の定義が国際法では一般的に確立されていなかったにもかかわらず、日本を「侵攻戦争」を行なった国だと非難し有罪宣告をした東京裁判の論理は、やはりその後の国際社会では受け入れられなかったのである。

■戦犯裁判を批判した国際連合国際法委員会

国際連合が曲がりなりにも「侵攻」の一般的な定義を作成し得たのは、一九七四年(昭和四十九年)十二月十四日の「侵攻の定義」に関する総会決議においてであった。この定義は、安全保障理事会が「侵攻行為」を認定する場合の指針として作成されたもので、総会決議という性質上、法的拘束力を持たず、国際連合加盟諸国はその定義内容や関連諸条項を遵守する義務を負うものではないが、実際上、この決議を尊重すべき立場に立たされる。

この決議によれば、「侵攻」とは「国家による他国の主権、領域保全または政治的独立に対する、もしくは国際連合憲章の目的と両立しないその他の方法による、武力行使」とされ（第一条）、「国家による国際連合憲章に違反した軍隊の先制使用は、侵攻行為の一応十分な証拠を構成する」ものとされ（第二条）、以下の行為が、いずれも宣戦布告の有無にかかわりなく、侵攻行為とされた（第三条）。

①国家の軍隊による他国の領域に対する侵入または攻撃、一時的なものであってもかかる侵入または攻撃の結果として生じた軍事占領、もしくは武力行使による他国の領域の全部または一部の併合［注・傍線の部分は、日本語の本来の意味の「侵略」に該当する。つまり「侵略」は「侵攻」の一つの特殊形態である。］、②国家の軍隊による他国の領域に対する砲爆撃、または国家による他国の領域に対する兵器の使用、③国家の軍隊による他国の港または沿岸の封鎖、④国家の軍隊による他国の陸軍、海軍、または空軍、もしくは船隊または航空隊に対する攻撃、⑤受入国との合意に基づきその国の領域内に駐留する軍隊の当該合意において定められた条件に反する使用、または当該合意の終了後のかかる領域内における当該軍隊の駐留の継続、⑥他国の使用に供した領域を、当該他国が第三国に対する侵攻行為を行なうために使用することを許容する国家の行為、⑦前記の諸行為に相当する重大性を有する武力行為を他国に対し実行する武装した集団、団体、不正規兵または傭兵の、国家による、もしくは国家のための派遣、またはかかる行為に対する国家の実質的関与。

なお、国連安全保障理事会は、以上に列挙されたもの以外の行為が侵攻を構成すると決定することもでき（第4条）、さらに「侵攻戦争は国際平和に対する罪であり、侵攻は国際責任を生じさせる」と述べられている（第5条）。

この決議内容が正式に条約の形をとって国際立法化（法典化）された時に初めて、侵攻の定義が法的に確立され、侵攻は国際犯罪行為と認められることになる。現段階（一九九五年現在）ではまだそこまでは至っていないし、そのような内容の国際慣習法も成熟していない。

その後、佐藤和男教授によれば、国連総会は一九八一年（昭和五十六年）に決議を採択して、国際法委員会に対し「法典案」を練り上げるための作業を再開し、国際法の漸進的発達過程の成果を正当に考慮に入れつつ同法典案を検討するよう要請した。「国際法の漸進的発達」とは、従来国際法（条約・慣習法）により直接に規律されていなかった事項に関して国際条約草案を作成して、新規の国際法定立を促進することであり、「国際法の法典化」とは、原則としてすでに国際法（慣習法）となっている規則をいっそう確実明瞭に成文化（条約化）することと解されている。法典化の分野での同委員会の業績は、海洋法、外交使節法、条約法などの部門で顕著である。

この要請を受けて国連国際法委員会は、セネガル出身のドゥドゥ・ティアムを特別報告者に任命し、**ティアム委員**は一九八三年（昭和五十八年）、国際法委員会の審議のための基調報告として第一次報告書を提出した。一九八五年（昭和六十年）六月に国連から公刊された「一九八三年度国際法委員会年報」（第2巻、第1部）に収められている「人類の平和と安全に対する罪の法典案に関する第一次報告書」（pp.140～141.）には、次のように記されている。

《ニュルンベルク裁判は疑いなく一つの重要な先例である。だが、その偶発的特徴と、設置された裁判所の特別目的性とは、遺憾とすべき事柄だった。ニュルンベルク裁判にあびせられた諸批判は周知のところであり、ここで深く論ずる必要はない。ニュルンベルク裁判は、「法ナケレバ罪ナク、法ナケレバ罰ナシ」という原則を侵犯したことを非難されてきた。事後において、行為が犯罪とされ、刑罰が定められたからである。裁かれる者の保護と、弁護の権利とが、犯罪および刑罰が事前に定められていることを必要としていたのに、敗者を勝者の裁判権の下に置き、特別目的のための裁判権を設定したことの故に、ニュルンベルク裁判は批判されてきた。》(『各法領域における戦後改革』p.92.)

この報告書でも明らかなように、ニュルンベルク裁判で一方的かつ恣意的に適用された「平和に対する罪」を、「人類の平和と安全に対する罪」の名のもとに正式に法典化しようとする国連国際法委員会の試みは、成功を見ないばかりか、却ってニュルンベルク裁判の不当性を国連として確認する事態を生んでしまったのである。国際法委員会の批判の対象が、ニュルンベルク裁判の法理をそのまま採用した東京裁判にも及んでいることは言うまでもない。国連国際法委員会は、一九九六年現在、なお未完の本作業に取り組んでいる。

■「東京裁判」の克服を提唱したイプセン教授

「平和に対する罪」を国際犯罪として確立しようとする国際法制上の試みは今のところ成功していない。このため、現実の国際政治においても、戦争を防止するために設けられたはずの「平和に対する罪」はほとんど無視されることになった。

第二復員省臨時調査部に勤務し、法廷係として東京裁判の全審理を傍聴した冨士信夫氏は、

《戦争が終った後中立国(もしあったとして)が裁判官になって、戦勝国・戦敗国のいずれを問わず、戦争法規違反行為遂行者を国際法に基づいて裁く戦犯裁判が開かれるというのならば、それ

こそ「正義」「文明」の名において行われる戦犯裁判と言えるのであろうが、国際社会の現状においては、このような事を期待するのは無理であり、非現実的であろう。しょせん戦犯裁判とは、今後とも、ただ戦勝国が戦敗国の戦争法規違反者を裁くためにだけ行われる裁判であって、戦勝国側の戦争法規違反者を裁くための戦犯裁判が開かれるという事はないであろう。》(『私の見た東京裁判(下)』p.587.)

と悲観的な展望を語っている。

西ドイツ(当時)の**イプセン教授**は、

《ニュルンベルクと東京の国際軍事裁判所以後の国家実行を見ると、各国は両裁判所の条例に盛られた法の適用を躊躇《ちゅうちょ》しているように見られます。たとえば、合衆国対カリー事件(ソンミ[村住民虐殺]事件)において、軍事裁判官が軍法会議構成員に与えた結論は類似事件の国際的先例については一切触れていない。》(『東京裁判を問う』p.45.)

と指摘し、二つの戦犯裁判で国際犯罪とされた「平和に対する罪」と「人道に対する罪」を裁いた側の連合国がその後の国際社会においてそれらの罪を犯した恐れがあるにもかかわらず、その「法」を自らに厳格に適用しようとはしなかったと暗に非難した。

なお、「人道に対する罪」の観念はもともとナチスによるユダヤ人の大量殺害を処罰する動機に出たものであり、戦時中ではなく「戦前の」かつ「自国民」にかかわる非人道的な行為を処罰し得ることを狙いとしており、一九五一年にジェノサイド条約が成立発効する機縁とはなった。ちなみに、ジェノサイド条約（正式には、集団殺害罪の防止及び処罰に関する条約。一九四八年十二月九日に国連総会が採択）は、「国民的、人種的又は宗教的集団を全部又は一部破壊する意図をもって行われる諸行為」を「集団殺害」の定義として、これを国際法上の犯罪として確立したものであって、集団殺害罪は、東京裁判で「人道に対する罪」とされた「戦前又は戦時中為されたる殺戮《さつりく》、殲滅《せんめつ》、奴隷的虐使、追放其の他の非人道的行為、若《も》しくは政治的又は人種的理由（ニュルンベルク条例では、宗教的理由も加えられていた）に基く迫害行為」とは内容的にある程度の差異のあることが認められる。

ドイツのユダヤ人大量虐殺に比すべき罪悪が本来存在しない日本を裁いた戦犯裁判では、通例の戦争犯罪と「人道に対する罪」とが混同され、日本もドイツと同じく「人道に対する罪」を犯したかのような誤解が流布されてしまったことは、まことに遺憾である。

話をもとに戻すと、もし、東京裁判で国際犯罪とされた「平和に対する罪」と「人道に対する罪」を厳しく適用することこそが、将来の国際平和の確立・維持のためにどうしても必要であったと考えるならば、自国の国民がその罪を犯した場合も厳しく処罰するべきであったはずである。しかし、そうはならなかった。それは、国際法の威信を傷つけることになったとして、パール判事の個別反対意見書を日本で最初に紹介した元拓殖大学講師の田中正明氏は、次のように指摘している。

《この戦争裁判があまりにも不公正であり、報復的にすぎたため、国際法は進歩を阻害されたばかりか、その威信はまったく地に墜ちた観がある。たとえば、その後に起きたベトナム戦争で明らかに毒ガスやBC［生物学・化学］兵器が使用されたにもかかわらず、国際法は眠ったままであり、ハンガリー事件、ベルリン事件、キューバ事件、あるいは中印国境問題やアイヒマン事件など、相次ぐ国際的重大紛争や事件において、明瞭に国際法に抵触している点があるにもかかわらず、誰れひとりそれを口にするものすらいなくなった。あたかも、国際法はあって無きがごとくである。》（『パール博士の日本無罪論』p.1.）

一九八三年（昭和五十八年）に東京で開催された「『東京裁判』国際シンポジウム」の席で、オランダのレーリンク博士を始めとする数名の学者が、それでも二つの国際軍事裁判は「平和に対する罪」を法とする契機とはなったのではないかと、希望的な観測もまじえた認識を語った。しかし、この認識もまた、**イプセン教授**によって完膚無きまでに批判された。

《ニュルンベルク以来、もう八十以上の武力紛争がございまして、六十ヵ国以上がこれに関係しております。ですから、少なくとも三十ヵ国が侵略国となっているわけです。と申しますのは、こういった武力紛争の半分が、こうした侵略を仕掛けたわけですから。現在の核戦略理論というのは、軍部だけにおいて話されているだけでなく、政治指導者間でも話し合われている。このような核戦略理論の実行は、数百万の人命を失うのみならず、何億という人命を失うことになるわけです。

実際に、政治指導者のなかで、東京裁判所もしくはニュルンベルク裁判所のこういった法によって自分たちが抑止されていると感じている人は、誰もおりません。レーリンク教授のお考えでは、ニュルンベルクと東京裁判の法は有効であったとおっしゃいましたけれども、たしかに戦勝国によって適用された抑圧の法としてはそうであったかもしれません。しかしながらこれは、責任ある指導者が、戦争に訴えるのを防止するという点におきましては、有効ではなかったのです。

ですから私は、ニュルンベルクもしくは東京裁判の法というのが、現時点において戦争勃発《ぼっぱつ》防止に役立ちうるかどうか、はなはだ疑問に思います。別な方法を考えなくてはいけないと思います。》（『東京裁判を問う』pp.329～330.）

ニュルンベルク裁判と東京裁判とにおいて事後立法された「法」といわれるものの延長線上に、国際法による平和維持を求めるのは難しい——イプセン教授はこう指摘している。その前提に、国際法を発達させる上で東京裁判はむしろ克服されるべき悪しき先例であるとの認識があることは明らかである。

■日本の外務省も認めている「東京裁判の不当性」

それでは、東京裁判が国連国際法委員会や国際法学者によって批判されている現状を、日本政府・外務省はどのように認識しているのか。

外務省が月例で開催している国際法研究会には、在京者を主とする十数名の国際法学者が出席し、外務省の条約局その他の関係者との間で約二時間ほど特定の問題が議論されている。平成四年（一九九二年）三月十三日に行なわれたこの国際法研究会の席で、佐藤和男教授が次のような趣旨の質問を外務省に対して行なった（神社本庁研修ブックレット『国際法と日本』）。

「イラクのサダム・フセインがしたことは、世界中から侵攻戦争だと見られている。イラク軍はクウェートに侵入して、クウェートの領土を自分の国に併合してしまった。これは侵攻であり、侵略でもある。侵攻戦争は、一九四五年十月の国連憲章によって、正式に違法化されている。東京裁判の論法でゆくなら、フセインは侵攻戦争の責任を負ってA級戦犯にされ、国際裁判で裁かれなくてはいけない。現に私がヨーロッパにいた一九九〇年九月から一九九一年三月までの間に、サッチャー首相など西側の一部の政治家は、フセインをつかまえて戦犯裁判にかけようと言っていました。昨年（一九九一年）二月、湾岸戦争はイラクの敗北に終わった。もし東條元首相などを裁いた東京裁判が正しいのなら、同じような裁判をサダム・フセインに対してもしなくてはいけないのに、実際にはしていない。これは、どういうことなのか。」

この質問に、外務省条約局法規課長の伊藤哲雄氏がおおよそ次のように答えたという。

《東京裁判で個人に戦争責任を追及したが、かういふことは国際法では許されてゐない、東京裁判は間違つてゐたといふ認識がいまや世界中の諸国に定着したので、サダム・フセインに悪い戦争をした責任を個人的に追及しようなどといふ動きは全くありません》（『国際法と日本』p.68.）

この定例会はあくまで内部の研究会ではあるが、東京裁判が実定国際法を蹂躙した不当な裁判であるという認識が世界中の諸国に定着していることを、外務省幹部ははっきりと認めたわけである。官僚は政府に従う。政府が断固として東京裁判の不当性を訴えるならば、その訴えを裏付ける論理を用意する準備は官僚サイドには既にできているのである。

ともあれ、いまなお平和探求の視点から「東京裁判」を肯定的に見ようとする意見があるが、不公平な法手続と実定国際法の蹂躙によってかろうじて成立した東京裁判の上に、〝法に基づく平和〟を確立しようということ自体が矛盾している。国際法の漸進的発達を通じて国際平和を維持・確立しようとするのであるならば、私たちは国際法を蹂躙した東京裁判をまず徹底的に批判するべきなのである。

その上で「別な方法を考えるべきだ」として、**イプセン教授**は次のように提案している。

《ニュルンベルクと東京での裁判以後の発展と国家実行をみるかぎり、遺憾《いかん》ながら、両条例の法は条約によって再確認されておらず、慣習法に発展してもいないと言わざるを得ません。今後の解決をまたなければならない主要問題を以下に挙げてみたいと思います。

一、国家管轄権あるいは国際管轄権の問題は、世界の諸国の間で異論が多い。

二、大多数の国は、今なお、国際法上の犯罪に対する個人責任を認めようとしていない。

三、「法律なければ犯罪なし」の一般原則の要件を満たすためには、国際刑法および国際訴訟法の規定が、国内刑法の規定と同様に厳密に明確に定式化される必要がある。とりわけ、国際刑法は、ニュルンベルクや東京の裁判において議論の多かった上官の命令その他の抗弁における違法性阻却や免責についての精密な定義を設けなければならない。

四、国際刑法の規定は刑罰の具体的性質(すなわち、刑の種類、そして拘禁刑の場合は刑の期間)についての正確な規定を含まなければならない。

五、国内刑法と国際刑法の抵触の問題が解決されなければならない。

以上の問題が解決された時にはじめて、国際刑法は世界平和に対し意味のある貢献をなし得るでありましょう。われわれは、将来そのような発展がもたらされることを希望するものであります。》（『東京裁判を問う』pp.46～47.）

東京裁判を肯定し、その延長から平和を探求するのではなく、東京裁判に見られた性急で不当な似而非《えせ》立法的措置そのものと訣別し、東京裁判を反面教師としつつイプセン教授が提起した問題に誠実に一つ一つ取り組むところからしか、国際法に基づく平和は確立し得ないのである。

■「東京裁判は国際法を退歩させた」（ハンキー元内閣官房長官）

事後法に基づき、当時の国際法をも大きく逸脱した「東京裁判」は結局のところ、「勝者の裁き」に過ぎず、その後の国際法の進展に何ら寄与できなかった。それどころか、むしろ世界平和を希求する上で、さまざまな悪例、禍根を残すことになった。

その第一は、第4章「蹂躙された国際法」で指摘したが、「戦勝国は敗戦国を、国際法を無視して断罪してもよい」という悪例を残したことだ。個別反対意見書の中で**パール判事**は、

《戦勝国が任意に犯罪を定義した上で、その犯罪を犯した者を処罰することができると唱えることとは、その昔戦勝国がその占領下の国を火と剣をもって蹂躙《じゅうりん》し、その国内の財産は公私を問わずすべてこれを押収《おうしゅう》し、かつ住民を殺害し、あるいは捕虜として連れ去ることを許されていた時代に逆戻りするにほかならない。》（『パル判決書（上）』p.274.）

と指摘し、国際法に込められた人類の叡智が蔑《ないがし》ろにされたことへの憂慮を表明している。

事後法であったにせよ、戦争防止の観点から「平和に対する罪」は認めるべきではないかと東京裁判当時考えていた**レーリンク判事**もその後、前出の『東京裁判』国際シンポジウム」の席で、次のように述べている。

《私個人としては、戦争の勝者が新たに刑法を作り上げ、それにもとづいて敗者を処罰する特権はないと確信しておりました。何となれば、そうした勝者の勝手気ままを主張することは、危険な前例を作ることになり、その後に戦争の勝者が憎むべき敵を戦争犯罪人として抹殺する機会を与えるおそれがあるからです。》(『東京裁判を問う』p.224.)

たとえ、どのように崇高な目的を掲げようとも、戦勝国が罪刑法定主義の原則に反して圧倒的な権力のもとで事後法を作り、敗戦国の指導者を裁いたことは国際法の侵犯でしかなかったのである。

第二は、「戦勝国は、敗戦国民の人権は無視してもよい」という悪例を残したということだ。東京裁判では、被告が当然認められるべき権利のほとんどが認められず、いわば冤罪によって死刑を宣告されたに等しい。今で言えば、重大な人権侵害にあたる。イギリスの**ハンキー卿**は、「世界人権宣言」を引き合いに出して、次のように批判している。

《……例えば、国際連合の裁判所は、一九四八年十二月十日に総会によつて承認された世界人権宣言、特に次の個条を無視し得ない。

(第十条)

何人も、その権利および義務ならびに自己に対する刑事上の告訴についての決定に当つて、独立の公平な裁判所による公正な公開の審理を完全に平等に受ける権利を有する。

（第十一条）

一、何人も刑事犯罪の告訴を受けたものは、自己の弁護に必要なすべての保障を与えられた公開の裁判において、法律に従つて有罪と立証されるまでは、無罪と推定される権利を有する。

二、何人も行われた時には国内法によつても国際法によつても刑事犯罪を構成しなかつた行為又は不作為のために、刑事犯罪について有罪と判決されることはない。また当該刑事犯罪が行なわれた時に適用されるものであつた刑罰よりも重い刑罰を科してはならない。

戦敗国を裁判するに当り戦勝国の判事のみでもつて排他的に構成された裁判所を、第十条で強調されているような「独立の公平な裁判所」と国際連合が考えるとは想像し得ない。同様に「欧州枢軸国の主要戦争犯罪人を公正に、速やかに裁判し、処罰するため」作られたニュルンベルグ裁判所条例第一条も、人権宣言第十一条第一項に明記された原則と、両立しがたい。そして、ニュルンベルグ、東京の裁判所のために、事後になつて犯罪を創設したことは、人権宣言第十一条第二項と、完全に相いれない。

こう考えてくると、ニュルンベルグと東京の裁判が法の規則を設定したという価値は取るに足りぬように思われる。むしろ、重大な退歩をさせたというべきである。》（『戦犯裁判の錯誤』pp. 225～226.）

第三は、法手続のところでも指摘したが、「戦勝国であるが故に戦争犯罪は免責される」という悪例を残したということだろう。

ルーズベルト大統領と同時代のアメリカの著名な政治家であった**ハミルトン・フィッシュ下院議員**は、

《私は、ロバート・タフトと同じく、常々、外務大臣や、陸・海軍の首脳を彼らの権限外の残虐行為で責任を問うことの合法性に対し疑いを持っている。

それではマーシャル元帥やアイゼンハワー大将、あるいはハル国務長官は、ドレスデン空襲で死んだ十五万人のドイツ人の死に対し責任があり、トルーマン大統領と彼の補佐官たちが、広島・長崎に対する原爆投下により死んだ十二万人の日本人の死に責任があるということになる。

もちろん、各個人は、おのおのの戦争犯罪に対し責任を問われねばならない。しかし、もしニュルンベルグ裁判の目的が、侵略や戦争犯罪、そして残虐行為に対する何か確固とした基準を確立することにあったとすれば、一九三九年に、ナチのポーランド侵攻の二週間後にポーランドへ侵入したソ連の裁判への参加は、裁判を正義に対するはなはだしい茶番劇としてしまったのだった。》(『日米・開戦の悲劇』p.132.)

と述べている。フィッシュ議員はさらに、ソ連の戦争犯罪に目をつぶってしまったことがソ連によるバルト三国併合や戦後の東欧の共産化という悲劇をもたらすことになったとして、スターリンと手を結んだルーズベルト大統領の戦争責任を戦後、厳しく追及している。

負ければ犯罪者であり、勝てば何をしても許される、これでは国際法による国際秩序の実現はほど遠いと言わざるを得まい。連合国が中心となって結成された国際連合が、ソ連による北方領土侵略を事実上容認し、何ら解決することができないのも、ニュルンベルク裁判および東京裁判でソ連の戦争犯罪を免罪したことにその遠因があるのである。

■日本悪玉史観を批判するフリードマン教授

東京裁判が残した悪例、禍根の第四は、「日本と他の諸国との相互理解を妨げることになった」ということだろう。東京裁判において、日本はそもそも侵攻的な体質をもっている国だとレッテルを貼られた。このレッテルは、戦後の日本人の自己認識に暗い影を落したばかりか、対外関係まで大きく拘束した。曰く、日本は軍国主義的な体質をもっているので警戒が必要だ。曰く、だから軍備増強や自衛隊の海外派遣は絶対に認めるべきではない。曰く、日本のナショナリズムはすぐに侵攻主義的となるので、ナショナリズムに基づいた主張は他の国ならいざ知らず、日本に関しては認めるべきではない――と。

このため、国際問題が起こると常に批判されるのは日本であって、戦勝国のアメリカや中国、ソ連(現ロシア)ではないということになった。しかし、それで事態の本質的な理解と解決を図ることができるであろうか。

日本の侵攻、不意打ちを非難する意見が相次いでアメリカで出され、日米関係がぎくしゃくしたパールハーバー(真珠湾)攻撃五十周年にあたる一九九一年(平成三年)、『The Coming War with Japan(第二次太平洋戦争は不可避だ)』という刺激的な著書を世に問うた米ディッキンソン大学の**ジョージ・フリードマン教授**は、

《まともで教育のある人びとがなぜパールハーバーを攻撃する道を選んだのか。こういうことを理解せずに、ただそれを非難する人びとがいる。彼らこそが戦争をもっとも起しやすい人なのだ。当時の日本の指導者たちをモンスターにしたり、日本の置かれた悲劇的な立場を考えもせずに発言する人びとを英雄視したりしても、何の解決にもならない。解決どころか、このような態度そのものが問題なのだ。》（「パールハーバーを忘れるな」『VOICE』一九九一年十二月号）

として、両国の立場を客観的に検討することなく、一方的に日本だけを悪玉として描くレッテル貼り的史観は、人々に真の紛争原因の追究を怠らせ、結局戦争を引き起こすことに加担するとして強く批判した。紛争の真の原因とは何か。

《[日米戦争は]悪意や卑劣さから起きるものではない。また、相互の理解不足から起きるものでもない。さらには日本とアメリカの文化が似ているから、あるいは違うから起こるものでもない。それは、双方が危険な世界に住んでいる合理的な国民であることから起きる。》（*The Coming War with Japan*, p.439.）

日米両国民が互いに善意をもっていたとしても、日米両国はそれぞれ大国でありアジア太平洋の経済的権益を求めるだけの実力と意志をもっている以上、アメリカの利益と日本の利益は衝突せざるを得ない。その宿命を受け止めた上で状況に応じて国益の対立が戦争にまで発展しないように対策を講じるしか戦争を防ぐ手段はない——こうフリードマン教授は指摘するのである。

■「アメリカの正義を疑え」（マイニア教授）

第五に、これは究極的には東京裁判とは何だったのかという問いに対する答えにもなることだが、「アメリカの正義はいつも絶対に正しい」というイデオロギーが戦後のこれまでの我が国の外交方針を決定したばかりか、アメリカの外交姿勢までも大きく歪めてしまったということだろう。

マイニア教授はベトナム戦争を見据えながら、その著『勝者の裁き』を執筆した動機を次のように述べている。

《もしも今日、東京裁判が大芝居であったと結論されるならば、その結論はたんに第二次世界大戦や日米関係に影響を与えるのみならず、より一般的に、国際関係と世界秩序に関する近来のアメリカ式発想の諸前提に対しても影響するところ大である。このアメリカ式発想の諸前提を再評価することを鼓吹する——これが、私が本書を著わした主要な契機であった。……東京裁判が大芝居であり、アメリカ式発想の諸前提がきわめて疑わしいものであることを、［日本人にも］学ぶように望んでいる。》(p.5.)

東京裁判で誇示されたアメリカの「正義」は、戦後の国際秩序を支える「正義」であった。戦後日本はこの「アメリカの正義」に絶対的に従ってきたといってよい。そして、このことはアメリカの日本占領の究極の目的が見事に達せられたことを意味している。

しかし、第二次大戦でアメリカがソ連や中国と組むことで東欧や中国・北朝鮮の共産化を促したことや、ベトナム戦争の実態を見るならば、「アメリカ式発想の諸前提」つまりアメリカは常に正義だという考え方そのものが果たして正しいものなのかどうか、疑わざるを得ない。アメリカ＝国際正義という前提は、アメリカの独善的な外交を許し、世界の自由と平和を却って脅かすこともありはしないか。そうマイニア教授は問題提起している。それは何もアメリカが不正義であるということではない。ただ常にアメリカが正義だとは限らないという考え方に立って、時には国際平和のために「アメリカ式発想の諸前提」を糺《ただ》すことも必要なのではないかと言っているに過ぎない。

この問題提起は、我が国の対米姿勢を根本から問い直すことを迫っている。

我が国では、社会民主党（旧社会党）など革新系政党は表面上はアメリカを批判する。しかし、実際にやっていることは、日本のナショナリズムを抑圧し、東京裁判に示された「アメリカの正義」を認め、例えば改憲志向に示される日本の自立路線に反対することで、結果的にアメリカの属国化を促進し、もってアメリカ中心の国際体制を補完しているにほかならない。

一方、自民党もまた、米ソの冷戦構造の中で、東京裁判に示された「アメリカの正義」を認め、国際正義＝アメリカの正義というイデオロギーを進んで容認すること――それはつまりアメリカの不正義、アメリカ外交の失敗には敢えて目をつぶり、アメリカを補完する存在に甘んじることだが――によって自国の安全保障を図る道を選択してきた。武装解除された敗戦国家として戦後しばらくはそれもやむを得ない選択だったと思うが、その選択を五十年経った今も同じかたちで続けていることについて、対米追従と世界から揶揄・批判・憫笑されている事実に目を瞑《つぶ》るべきではない。

今や私たちは新たな選択を迫られている。即ち、アメリカとの関係を重視しつつも、アメリカの主観的正義のみによる国際秩序ではなく、我が国の主体的正義をも国際秩序に反映させることを望む、あるいは自由と平和と繁栄を尊重する諸国とともに、アメリカが政策を誤った場合には時にはそれを糺すことも辞さない、そのような国家として歩むことが求められているのである。

それはマイニア教授が指摘するように、現在の国際秩序の諸前提にある、東京裁判に示された「アメリカの正義」そのものを検証するところから始めなければならない。東京裁判の再検討は、現在の国際秩序のあり方とともに、これからの我が国の進路選択をも迫る問題として、私たちの前に立ちはだかっているのである。

【第6章】

戦後政治の原点としての〈東京裁判〉批判

――独立国家日本の「もう一つの戦後史」

「文明の裁き」と称して鳴り物入りで始められた東京裁判は実に二年六カ月もの時間を費やし、開廷四百二十三回、総計費二十七億円をかけて一九四八年（昭和二十三年）十一月に判決を下した。我が国の戦時指導者七人に絞首刑を宣告したこの判決は、これまでに紹介したように、弁護団ばかりでなく、少数派の個別意見を提出した判事たちや連合国の政治家たちからも厳しい批判を浴びた。

いくら国際法に基づいた公正な裁判だったと宣伝しても、真実は隠せない。「いかさまな法手続」で行なわれた「政治権力の道具」に過ぎなかった東京裁判を強行したことで、ＧＨＱ（占領軍総司令部）及びアメリカ政府の権威は低下することとなった。判決が出された翌年の一九四九年（昭和二十四年）一月十一日、アメリカの**『ワシントン・ポスト』紙**は論説に次のように記した。

《米国の声望はもとより、正義の声望までも……東京において危うくされたことが、次第に明白になりつつある。》（『勝者の裁き』p.187.）

ＧＨＱは東條元首相らを処刑した一九四八年（昭和二十三年）十二月二十三日の翌日、準A級戦犯容疑者十九名を一度も裁判にかけることなく巣鴨拘置所からそそくさと解放し、以後、法廷は二度と開かれることがなかった。なお、連合国極東委員会は翌一九四九年二月二十四日、「国際軍事裁判はこれ以上行なわない」と決定した。

この東京裁判を、戦後独立を回復した我が国の政治家及び国民が、どのように受け止めてきたかについては、ほとんど知られていない。このため、我が国は「東京裁判」を受け入れることで国際社会に復帰したという誤解が流布されてしまっている。しかし、真実はそうではなかった。

そこで、独立国家として東京裁判を正面から批判してきたわが国の「もう一つの戦後史」を、ここに紹介したい。

■講和会議で東京裁判を批判したメキシコ大使

国際法においては通常、講和条約（平和条約）の締結・発効によって戦争が正式に終結するものとされる。それまでは法的には「戦争状態」が継続していると見なされるので、いわゆるA級戦犯を裁いた東京裁判や、アジア太平洋の各地で開廷されたB・C級戦犯裁判も、連合国軍による軍事行動（戦争行為）の一種と理解されている。しかし、軍事行動は講和条約の発効と共に終結し、効力を失う。

つまり、昭和二十七年（一九五二年）四月二十八日のサンフランシスコ講和条約の発効とともに、国際法的には日本と連合国の間に継続していた「戦争状態」は終焉し、独立を回復した日本政府は、講和に伴う「国際法上の大赦」を規定する国際慣習法に従って、戦争裁判判決の失効を確認した上で、連合国が戦犯として拘禁していた人々をすべて釈放することができたはずなのである。

ところが、そうはならなかった。

講和条約を起草したのはサンフランシスコ講和会議であるが、この会議で署名された条約草案は、アメリカ、イギリス、日本の三カ国間交渉で起草され、最終案文は、会議の始まる僅か一カ月前に発表され、それ以外の四十九の参加国は、基本的にはそれを承認するために招請された。その講和条約第十一条には、

《日本国は、極東国際軍事裁判所並びに日本国内及び国外の他の連合国戦争犯罪法廷の裁判を受諾し、且つ、日本国で拘禁されている日本国民にこれらの法廷が課した刑を執行するものとする。……極東国際軍事裁判所が刑を宣告した者については、この権限［赦免《しやめん》し、減刑し、及び仮出獄させる］は、裁判所に代表者を出した政府の過半数の決定及び日本国の勧告に基く場合の外、行使することができない。》

と規定されていた。本来ならば、日本政府は講和条約の発効とともに、戦犯として拘禁されていた者を釈放していいはずだが、アメリカは、講和独立後も、アメリカの「審判」に従った刑の執行を日本政府に要求したのである。

一九五一年（昭和二十六年）九月五日、サンフランシスコ講和会議が開かれた。この会議で、スリランカ代表のJ・R・ジャヤワルダナ蔵相（のち首相、大統領）が「私は、前大戦中のいろいろな出来事

を思い出せるが、当時、アジア共栄のスローガンは、従属諸民族に強く訴えるものがあり、ビルマ、インド、インドネシアの指導者たちの中には、最愛の祖国が解放されることを希望して、日本に協力した者がいたのである」として、日本の独立回復を支持する格調高い演説をしたことは有名である。

この会議の席で、日本に対して懲罰的な講和条約第十一条がやはり問題となった。**ラファエル・デ・ラ・コリナ駐米メキシコ大使**はメキシコ代表として、

《われわれは、できることなら、本条項［第十一条］が連合国の戦争犯罪裁判の結果を正当化しつづけることを避けたかった。あの裁判の結果は、法の諸原則と必ずしも調和せず、特に法なければ罪なく、法なければ罰なしという近代文明の最も重要な原則、世界の全文明諸国の刑法典に採用されている原則と調和しないと、われわれは信ずる。》（『各法領域における戦後改革』p.89.）

と東京裁判を批判し、アルゼンチン代表の**イポリト・ヘスス・パス駐米アルゼンチン大使**も、

《この文書の条文は、大体において受諾し得るものではありますが、二、三の点に関し、わが代表団がいかなる解釈をもつて調印するかという点、及びこの事が議事録に記載される事を要求する旨を明確に述べたいのであります。……本条約第十一条に述べられた法廷［東京裁判］に関しては、わが国の憲法は、何人といえども正当な法律上の手続きをふまずに処罰されない事を規定しています。》（外務省編『サン・フランシスコ会議議事録』p.299.）

と語り、「正当な法手続きを踏まずに日本人指導者を処罰した東京裁判は、アルゼンチン憲法の精神に反している」として、東京裁判を間接的に批判したのである。しかし、メキシコ、アルゼンチン両代表の発言は記録にとどめられただけで、草案の文言はそのまま条約本文となった。

■四千万人を越えた「戦犯」釈放署名

かくして一九五一年（昭和二十六年）九月八日、サンフランシスコにおいて日本と四十八ヵ国の連合国とが講和条約に調印し、翌一九五二年（昭和二十七年）四月二十八日に発効（一九九六年現在、当事国数は日本を含めて四十六ヵ国）。日本は晴れて独立を回復したが、講和条約第十一条に、関係国の同意なくして日本政府は独自に戦争受刑者（戦犯）を釈放してはならないと規定されていたため、講和条約の恩恵を受けることなく、巣鴨《すがも》、モンテンルパ（フィリピン）、マヌス島（オーストラリア）で引き続き千二百二十四名もの日本人および戦時中日本国籍を有していた朝鮮人・台湾人がA級及びB・C級戦犯として服役しなければならなかった。

それを知った国民は驚いた。講和条約が発効したのに何故敵国に裁かれた同胞たちは釈放されないのか。戦犯裁判の効力は失われ、戦犯受刑者も全員釈放されるのが国際慣例ではなかったのか――。そのような疑問から、戦犯裁判に対する国民の関心は一気に高まった。

実は、朝鮮戦争の勃発に伴いアメリカの対日政策が変更されるのだが、軍事占領も後期になると言論の自由もある程度容認されるようになり、占領中の昭和二十五年（一九五〇年）四月、「国づくりは戦争の後始末から」を合言葉に引揚問題や戦争受刑者問題に取り組んできた「日本健青会」のメンバーが中心となって「海外抑留同胞救出国民運動」（総本部長は衆議院議長）が発足、戦犯受刑者釈放運動が取り組まれていた。

このため講和条約発効後の一九五二年（昭和二十七年）六月五日から全国一斉に「戦犯受刑者の助命、減刑、内地送還嘆願」の署名運動が始められるや、戦犯受刑者釈放運動は大いに盛り上がった。その様子を国学院大学の大原康男教授は次のように紹介している。

《まず日本弁護士連合会が口火を切り、二十七年六月七日「戦犯の赦免勧告に関する意見書」を政府に伝えた。これがきっかけとなって、戦犯釈放運動は瞬《また》く間《たた》に全国的規模の一大国民運動となり、早くからこの運動に取り組んで来た日本健青会を始めとする各種団体や地方自治体は、政府は平和条約第十一条に基づいて関係各国に対して赦免勧告を行なうよう続々と要請した。

署名運動も急速に広がり、共同通信の小沢武二記者の調査によれば、地方自治体によるもの約二千万、各種団体によるもの約二千万、合計約四千万に達し、また各国代表部や国会・政府・政党などに対する陳情も夥《おびただ》しい数にのぼっている。》（「〝A級戦犯〟はなぜ合祀されたか」pp.112〜113、『靖国論集』）

こうした国民世論の後押しを受けて、政府は直ちに国内で服役中の戦犯の仮釈放および諸外国で服役中の戦犯を我が国に送還する措置について関係各国と折衝を開始した。七月十一日の閣議では、岡崎勝男外相が中心となって今後一層関係国の了解を求めるよう努力することを申し合わせた。七月下旬、政府の肝入りで日本健青会の末次一郎氏（現、新樹会代表）が訪米し、トルーマン大統領に戦犯受刑者の釈放について次のような要請書を提出した。

《私は祖国日本の完全なる独立と真実の世界平和とを希求する青年の立場から、今次戦争における戦争犯罪人として今猶獄舎にある人々の全面的釈放の問題について、我々の強い要請を披瀝《ひれき》するものである。

今次戦争における所謂、戦争犯罪処断の目的は、一つには人類の世界から戦争を消滅させようとする人間の善意の祈りであろうが、然し一つには勝者の敗者に対する懲罰の一つの形式であったと思う。

従ってこの所謂、政治目的を背後に蔵した戦争裁判の結果は、或は全く無実の人々を多数苛酷な罪名の下に拘束し、或は裁判の行われたる時期によって罪の軽重甚だしく、或は文明と人道の名の下に敗者のみが一方的に裁かれるという数々の不当な事実が発生して来たのである。

この様な重大な問題が、講和条約におけるとりきめが甚だしく不備であったために、条約発効後数ケ月を閲《けみ》したる今日、猶未解決の儘《まま》放置されて居り、かえって連合軍占領期間中行われて居た仮出所の制度すらも、日本の管理に移されると共に之が停止を命ぜられるという逆現象さえ呈しているのである。このことは、講和成立と同時に戦争犯罪を全面解決した歴史上の先例から考えても、又上述した如き今次裁判の極めて特異な性格から見ても、講和成立と同時に当然全面釈放が行われるものと期待した我々日本国民に、甚しい失望と不満を与え、殊《こと》に無実の罪に拘束されている多くの人々に激しい憤りをさえ持たせるに至って居る。アメリカの良識を代表される閣下が、もしも現在巣鴨に拘置中の米国関係者四百二十七名に対して、全面釈放の措置を断行されるとすれば、我々日本人が最も心を痛めている、比島の死刑囚五十九名の助命、並びに同島にある百十一名の拘置者及び濠洲［オーストラリア］マヌス島にある二百六名の日本人の内地送還についても、必ず喜ぶべき結果が齎《もたら》されるであろうと確信する。

我々は、この戦争裁判の背後にある政治目的は完全に達せられたと確信するが故に、且又この現状が日米両国民の親善を阻害するのみならず、共産主義者たちに逆用の口実を与えることを虞《おそ》れるが故に、猶又この問題は講和発効と同時に解決されるのが至当であって、個別審査によって事務的に減刑等を行なうという如き姑息《こそく》なる手段によって解決すべきでないと信ずるが故に、更に日本国民は、この解決によって始めて真に平和的国家の建設に邁進し得ると確信するが故に、閣下が、米国関係の全戦犯者に対する即時釈放を断行されんことを、茲《ここ》に強く要請するものである。》（末次一郎『「戦後」への挑戦』pp.151～153.）

■「戦犯」釈放に立ち上がった日本政府

こうした世論の盛り上がりの中で、政府の対応は素早く、まず巣鴨在所者の処理について関係国の許容を得る可能性の多い仮出所の勧告を行なう方針のもとに、昭和二十七年（一九五二年）八月十一日までに二百三十二名の仮出所の勧告を行ない、八月十五日、今度は巣鴨刑務所に服役中のB・C級戦犯全員八百十九名の赦免を関係各国に要請する勧告を行なった。八月十九日には新木駐米大使がアリソン米国務次官補を訪問し、B・C級日本人戦犯釈放問題で再びアメリカ政府の好意的配慮を要請。十月十一日には、立太子礼を機会に、国内および海外に抑留されているA級を含む全戦犯の赦免・減刑を関係各国に要請したのである。

度重なる日本政府の要請に十一月十三日、アメリカ政府はワシントンの日本大使館に対して極東国際軍事裁判所で裁判を受けたA級戦犯に関する赦免、減刑、仮出所などの処置を協議するため、同軍事裁判に参加した連合国との間に近く話し合いを始める考えであることを通告した。

そこで、日本政府の後押しをすべく十一月二十七日、自由党（吉田茂総裁）は総務会で、他国に抑留中の戦犯死刑囚の助命、有期刑者の内地送還ならびに内地抑留中の戦犯の釈放に関する決議案を今国会に提出することを決定し、十二月九日、第十五回国会・衆議院において田子一民議員ほか五十八名提出、自由党、改進党（重光葵総裁）、左右両派社会党、無所属倶楽部の共同提案による、次のような「戦争犯罪による受刑者の釈放等に関する決議」が圧倒的多数で可決されたのである（労農党のみ反対）。

《独立後すでに半歳、しかも戦争による受刑者として内外に拘禁中の者はなお相当の数に上り、国民の感情に堪え難いものがあり、国際友好の上より遺憾とするところである。

よつて衆議院は、国民の期待に副い家族縁者の悲願を察し、フイリツピンにおいて死刑の宣告を受けた者の助命、同国及びオーストラリア等海外において拘禁中の者の内地送還について関係国の諒解を得るとともに、内地において拘禁中の者の赦免、減刑及び仮出獄の実施を促進するため、まずB級及びC級の戦争犯罪による受刑者に関し政府の適切且つ急速な措置を要望する。

右決議する。》（「官報号外」昭和二十七年十二月九日）

この国会決議が東京裁判を否定する意図をもって行なわれたことは、この提案の趣旨説明に立った田子一民議員の次の趣旨説明で明らかだ。

《……わが国は、平和条約の締結によつて独立国となつて、すでに半歳以上をけみしておるのでありますが、国民の大多数は、独立の喜びの中に、新生日本の再建に努力しております。この際、このとき、この喜びをともにわかつことができず、戦争犯罪者として、あるいは内地に、あるいは外地に、プリズンに、また拘置所に、希望なく日を送つておりまするることは、ひとり国民感情において忍び得ざるのみならず、またさらに国際友好上きわめて遺憾に存ずるところであります。（拍手）……一般国民は、戦争の犠牲を戦犯者と称せらるる人々のみに負わすべきでなく、一般国民もともにその責めに任ずべきものであるとなし、戦犯者の助命、帰還、釈放の嘆願署名運動を街頭に展開いたしましたことは、これ国民感情の現われと見るべきものでございます。

およそ戦争犯罪の処罰につきましては、極東国際軍事裁判所インド代表パール判事によりまして有力な反対がなされ、また東京裁判の弁護人全員の名におきましてマッカーサー元帥に対し提出いたしました覚書を見ますれば、裁判は不公正である、その裁判は証拠に基かない、有罪は容疑の余地があるという以上には立証されなかつたとあります。……

英国のハンキー卿は、その著書において、この釈放につき一言触れておりますが、その中に、英米両国は大赦の日を協定し、一切の戦争犯罪者を赦免すべきである、かくして戦争裁判の失敗は永久にぬぐい去られるとき、ここに初めて平和に向つての決定的な一歩となるであろうと申しておるのであります。かかる意見は、今日における世界の良識であると申しても過言ではないと存じます。（拍手）

かくして、戦争犯罪者の釈放は、ひとり全国民大多数の要望であるばかりでなく、世界の良識の命ずるところであると存じます。もしそれ事態がいたずらに現状のままに推移いたしましたならば、処罰の実質に戦勝者の戦敗者に対する憎悪と復讐の念を満足する以外の何ものでもないとの非難を免《まぬが》れがたいのではないかと深く憂うるものであります。（拍手……）》（「官報号外」昭和二十七年十二月九日）

発言中に引用されたハンキー卿の著『戦犯裁判の錯誤』は占領終了直後の昭和二十七年（一九五二年）十月に日本語訳が出版され、大きな反響を呼んでいた。

占領中は、ＧＨＱの検閲によって東京裁判批判は一切禁じられ、東京裁判を肯定する趣旨の本しか出版されていなかった。しかし、講和独立後、言論の自由を回復するや、東京裁判を日本人の立場から批判する書籍が相次いで出された。昭和二十七年（一九五二年）には、日本無罪を主張したパール判事の「判決書」に関する田中正明著『日本無罪論―真理の裁き』（太平洋出版）、同著『全訳　日本無罪論』（日本書房）、弁護人だった瀧川政次郎著『東京裁判を裁く　上・下』（東和社）などが出版された。更に、Ｂ・Ｃ級戦犯として無実の罪に問われた人々の遺書・手記が、『あすの朝の〝九時〟―大東亜戦争で戦争犯罪者として処刑された人々の遺書』（日本週報社編）、『祖国への遺書―戦犯死刑囚の手記』（塩尻公明編　毎日新聞社）、『死して祖国に生きん―四戦犯死刑囚の遺書』（杉松富士雄編　蒼樹社）、『モンテンルパ―比島幽囚の記録』（辻豊編著　朝日新聞社）として出版された。これらの著編書を通じて、ＧＨＱによって隠蔽されていた戦犯裁判の実像が世に知られるようになっていたのである。

こうした情況を踏まえ、改進党の山下春江議員も国会決議の趣旨説明のなかで、

《……占領中、戦犯裁判の実相は、ことさらに隠蔽されまして、その真相を報道したり、あるい

はこれを批判することは、かたく禁ぜられて参りました。当時報道されましたものは、裁判がいかに公平に行われ、戦争犯罪者はいかに正義人道に反した不逞残虐の徒であり、正義人道の敵として憎むべきものであるかという、一方的の宣伝のみでございました。また外地におきまする戦犯裁判の模様などは、ほとんど内地には伝えられておりませんでした。国民の敗戦による虚脱状態に乗じまして、その宣伝は巧妙をきわめたものでありまして、今でも一部国民の中には、その宣伝から抜け切れないで、何だか戦犯者に対して割切れない気持を抱いている者が決して少くないのであります。

戦犯裁判は、正義と人道の名において、今回初めて行われたものであります。しかもそれは、勝つた者が負けた者をさばくという一方的な裁判として行われたのであります。（拍手）戦犯裁判の従来の国際法の諸原則に反して、しかもフランス革命以来人権保障の根本的要件であり、現在文明諸国の基本的刑法原理である罪刑法定主義を無視いたしまして、犯罪を事後において規定し、その上、勝者が敗者に対して一方的にこれを裁判したということは、たといそれが公正なる裁判であつたといたしましても、それは文明の逆転であり、法律の権威を失墜せしめた、ぬぐうべからざる文明の汚辱であると申さなければならないのであります。（拍手）……》（「官報号外」昭和二十七年十二月九日）

として、東京裁判を「文明の汚辱」と非難したのである。

晴れて独立を回復した以上、戦勝国から勝手に押し付けられた「勝者の裁き」を受け入れる必要はないではないか。何故いつまでも無法の裁判による判決に従って同胞が刑に服さなければならないのか――という、勝者の無法に対する憤りとともに、歴史の自己解釈権を取り戻そうとする独立国家としての一種の高揚感がこれらの発言からは伝わってくる。

占領軍が約七年間にわたって日本国民に贖罪意識を持たせるべく日本軍の残虐さを宣伝し、あたかも国際法に基づいているがごとくに東京裁判やB・C級裁判を強行したが、それにもかかわらず、それらの敵国の宣伝を鵜呑みにせずに、当時の日本の政治家の多くは自国の正義を信じ続けるだけの見識と信念を持ち合わせていたのである。

■社会党議員による「東京裁判」批判

東京裁判を批判したのは何も保守政治家だけに限らなかった。決議採択に際して日本社会党の古屋貞雄議員は、

《……戦争が残虐であるということを前提として考えますときに、はたして敗戦国の人々に対してのみ戦争の犯罪責任を追及するということ――言いかえまするならば、戦勝国におきましても戦争に対する犯罪責任があるはずであります。しかるに、敗戦国にのみ戦争犯罪の責任を追及するということは、正義の立場から考えましても、基本人権尊重の立場から考えましても、公平な観点から考えましても、私は断じて承服できないところであります。（拍手）……世界の残虐な歴史の中に、最も忘れることのできない歴史の一ページを創造いたしましたものは、すなわち広島における、あるいは長崎における、あの残虐な行為であつて、われ〳〵はこれを忘れることはできません。（拍手）この世界人類の中で最も残虐であつた広島、長崎の残虐行為をよそにして、こ

れに比較するならば問題にならぬような理由をもつて戦犯を処分することは、断じてわが日本国民の承服しないところであります。（拍手）

ことに、私ども、現に拘禁中のこれらの戦犯者の実情を調査いたしまするならば、これらの人々に対して与えられた弁明並びに権利の主張をないがしろにして下された判定でありまするることは、ここに多言を要しないのでございます。しかも、これら戦犯者が長い間拘禁せられまして、そのために家族の人々が生活に困つておることはもちろんでありまするけれども、いつ釈放せられるかわからぬ現在のような状況に置かれまするることは、われ〳〵同胞といたしましては、これら戦犯者に対する同情禁ずることあたわざるものがあるのであります。われ〳〵全国民は、これらの人々の即時釈放を要求してやまないのでございます。……》（「官報号外」昭和二十七年十二月九日）

と切々と訴えた。

「敗戦国にのみ戦争犯罪の責任を追及するということは、正義の立場から考えましても、基本人権尊重の立場から考えましても、公平な観点から考えましても、私は断じて承服できない」――この正論は広く国民に受け入れられるものであった。革新を標榜していたとは言え、社会党代議士もまた、原爆投下という非人道的行為を敢えて犯しながら「文明」の名のもとに敗戦国を一方的に裁いた戦勝国の「正義」を唯々諾々と受け入れるほど、「卑屈」ではなかったのである。

この「戦犯釈放決議」は十二月十二日に参議院でも可決された。

しかし連合国側が戦犯釈放になかなか同意せず、釈放の見通しも立たないまま昭和二十八年（一九五三年）に入り、緊喫の課題として、一家の主を失って困窮を極めている戦犯の遺族たちへの援助問題が浮上してきた。戦犯の遺族たちにも他の戦没者遺族と同じく弔慰金などの援助をするべきではないか、そのためには、戦犯を犯罪者と見なすのではなく、公務で亡くなった「公務死」と認定するべきではないかという議論が起こったのである。

七月二十一日、衆議院厚生委員会で、改進党の山下春江議員は、

《戦犯で処刑されました方々を公務死にいたしたいというのは、大体国会における全部の意見のように考えるのでありますが、政府はそれを公務死に扱うことは、いろ〳〵国際関係その他の情勢を勘案して、ただちに行うことはどうかというような答弁をかつてなさつたのでありますが、外務省はどういうお考えをお持ちになりますか。……国民としては、当然すでになくなられた方には上も下もなく同一に国家のために公務で死歿されたものと扱いたいのでありますが、そういうことに対する政府の見解をただしたいのであります。……》（第十六回国会衆議院厚生委員会議事録第二十二号）

と質問した。これに対し翌二十二日、広瀬節男外務省参事官（大臣官房審議室付）が、

《［戦犯の刑死は公務死との考えに基づき］被処刑者の遺族の援護は、社会保障的見地から見ましてももつともなことだと思いますし、国際関係上から見ましても支障ないものと認めまして、外務省としては何らこれに異議はございません。こういうことを省議決定いたしましたことを御報告申し上げます。》（第十六回国会衆議院厚生委員会議事録第二十三号）

と答弁している。

現在の風潮から考えれば、政府・外務省が、連合国の軍事裁判において「侵攻戦争を行なった戦争犯罪人」と断罪された人々を犯罪者ではなく、公務で亡くなった人と認定しても「国際関係上から見ても支障ないと認める」と〝省議決定〟の上で断言したことは驚くべきことだ。「東京裁判による刑死は実質的〝戦死〟である」という立場に、当時は政府も国民も立っていたのである。

この遺族援護法改正にも社会党は賛成した上にまた、熱心にこれを支持した。堤ツルヨ衆議院議員（社会党右派）は衆議院厚生委員会で、

《処刑されないで判決を受けて服役中の［者の］留守家族は、留守家族の対象になって保護されておるのに（注　既に成立している未帰還者留守家族援護法の適用を受けるの意）、早く殺されたがために、国家の補償を留守家族が受けられない。しかもその英霊は靖国神社の中にさえも入れてもらえないというようなことを今日の遺族は非常に嘆いておられます。……遺族援護法の改正された中に、当然戦犯処刑、獄死された方々の遺族が扱われるのが当然であると思います》（『靖国論集』p.114.）

と述べているが、「戦犯であっても靖国神社には戦没者としてお祀りするべきだ」といういうこの意見の前提に、「東京裁判は間違った裁判だった」という認識があることは言うまでもない。

保守・革新を問わず、国際社会に復帰した日本がまず行なったことが、戦犯釈放要求・戦犯遺族へ

の年金受給という形での戦犯裁判への異議申し立てであったことは、戦後日本の政治を考える上で忘れてはならないことではなかろうか。

■可決された「戦争犯罪」否定の国会決議

かくして昭和二十八年（一九五三年）八月、自由党、改進党、社会党右派・左派による全会一致で、戦傷病者戦没者遺族等援護法の一部が改正され、困窮を極めている戦犯遺族に対しても遺族年金および弔慰金が支給されることになった。

一方、日本政府の熱心な働きかけによって、戦犯受刑者の釈放も徐々に進んでいた。かくなる上は一日も早く残りの戦犯受刑者も釈放しようと、当時の国会議員たちは昭和二十八年（一九五三年）八月三日、昨年に引き続いて再び衆議院本会議で、次のような「戦争犯罪による受刑者の赦免に関する決議」を可決した。

《八月十五日九度目の終戦記念日を迎えんとする今日、しかも独立後すでに十五箇月を経過したが、国民の悲願である戦争犯罪による受刑者の全面赦免を見るに至らないことは、もはや国民の感情に堪えがたいものがあり、国際友好の上より誠に遺憾とするところである。しかしながら、講和条約発効以来戦犯処理の推移を顧みるに、中国は昨年八月日華条約発効と同時に全員赦免を断行し、フランスは本年六月初め大減刑を実行してほとんど全員を釈放し、次いで今回フイリピン共和国はキリノ大統領の英断によつて、去る二十二日朝横浜ふ頭に全員を迎え得たことは、同慶の至りである。且又、来る八月八日には濠州マヌス島より百六十五名全部を迎えることは衷心欣快に堪えないと同時に、濠州政府に対して深甚の謝意を表するものである。

かくて戦犯問題解決の途上に横たわつていた最大の障害が完全に取り除かれ、事態は、最終段階に突入したものと認められる秋《とき》に際会したので、この機を逸することなく、この際有効適切な処置が講じられなければ、受刑者の心境は憂慮すべき事態に立ち至るやも計りがたきを憂えるものである。われ〳〵は、この際関係各国に対して、わが国の完全独立のためにも、将又《はたまた》世界平和、国際親交のためにも、すみやかに問題の全面的解決を計るべきことを喫緊《きつきん》の要事と確信するものである。

よつて政府に、全面赦免の実施を促進するため、強力にして適切且つ急速な措置を要望する。

右決議する。》（「官報号外」昭和二十八年八月三日）

遠慮がちであった前年の国会決議に比して、この決議は独立国家としての自負心に溢れた、格段に力強いものになっている。提案趣旨説明に立った山下春江議員（改進党）は、

《……結局、戦犯裁判というものが常に降伏した者の上に加えられる災厄であるとするならば、連合国は法を引用したのでもなければ適用したのでもない、単にその権力を誇示したにすぎない、と喝破したパール博士の言はそのまま真理であり、今日巣鴨における拘禁継続の基礎はすでに崩壊していると考えざるを得ないのであります。（拍手）……「獄にしてわれ死ぬべしや　みちのくに母はいますにわれ死ぬべしや」、このような悲痛な気持を抱いて、千名に近い人々が巣鴨に暮しているということを、何とて独立国家の面目にかけて放置しておくことができましよう。（拍手）》

（「官報号外」昭和二十八年八月三日）

と切々と訴えた。「何とて独立国家の面目にかけて放置しておくことができましょう」の一節に、当時の日本人の思いが集約されているのではないだろうか。

平成五年（一九九三年）、細川護熙首相は「東京裁判の判決を受け入れることで日本は国際社会に復帰した」と述べたが、事実は全く違っていた。戦前・戦後の歴史を検証することなく行なわれた細川首相の答弁は、総理大臣としては恐ろしく無知にして無見識なものであった。

ともあれ、講和独立後の日本の政治家たちは、「勝者の裁き」を敢然と拒否することこそが「わが国の完全独立」と「世界平和」につながると信じた。勝者の裁きを否定して、連合国によって奪われた「歴史解釈権」を晴れて取り戻した「完全な独立国家」として国際親交に努めたい――これが紛れもなく戦後の日本政治の原点であったと言えよう。

なお、A級戦犯は昭和三十一年（一九五六年）三月三十一日までに関係各国の同意を得て全員出所したが、B・C級の最後の十八名の仮出所が許され全員出所したのは昭和三十三年（一九五八年）五月三十日のことであった。

■日本は東京裁判史観を強制されていない

最後のB・C級戦犯が釈放された頃から、六十年安保騒動を直接の契機にして反米親ソの革新勢力の台頭が見られ、世の中は「革命前夜」の様相を呈してゆく。

このため、東京裁判否定の熱意を受け継ぐべき保守政治家たちは、米国との協調・友好を重視するあまり、米国の戦争責任追及＝反米につながりかねない東京裁判否定論をトーンダウンさせていく。一方、革新勢力は、ソ連・中国のマルクス主義歴史観に強い影響を受けながらマスコミや日教組と手を組み、〝東京裁判史観〟の普及に、これ努めることになったのである。

かくしてマスコミや革新勢力の支援の中で、GHQの協力を得て結成した日本教職員組合（日教組）が、GHQの「戦争犯罪周知宣伝計画」に基づいて作成された「歴史教科書」を使って行なう歴史授業によって、アメリカの「審判と慈悲に絶対的に従う」従属政権の樹立を促進しようとしたGHQの意図は、徐々に日本の若い世代の間で実現していくこととなった。

昭和五十七年（一九八二年）、歴史教科書の記述を文部省が検定で「侵略」から「進出」に書き換えさせたとして（これは後に誤報であることが判明した）、中・韓両国から大きな反発を招いた、いわゆる「教科書事件」が起こった。近隣諸国から激しく批判され、時の宮澤喜一官房長官（自民党）は、事実関係をろくに調べないまま、批判を全面的に受け入れた上、「わが国としては、アジアの近隣諸国との友好、親善を進める上でこれらの批判（韓国、中国からの批判）に十分に耳を傾け、政府の責任において是正する」という談話を発表するに至った。近隣諸国との友好のためには、東京裁判の判決に示された歴史観を受け入れるという、独立回復後の国会決議とまるで正反対の趣旨の談話が表明されたことになる。

以後今日に至るまで、残念ながらこの談話が追認される方向で進んでいるのである。

敵国によって〝A級戦犯〟とされた人々を靖国神社に合祀したことをめぐって再び近隣諸国を巻き込んだ形での問題が起こり、そのさなかの一九八五年（昭和六十年）十一月八日　衆議院外務委員会で土井たか子議員（社会党）は「戦犯は日本も受けいれた東京裁判によって〝平和に対する罪〟で処刑されたのであり、戦没者とは違う。どうして戦犯を祀っている靖国に参拝するのか」と質問した。同じ社会党の先輩女性議員が、戦犯とされた人々が靖国神社にお祀りされていないことを嘆く遺族の人々の心情を代弁して、戦犯釈放運動を熱心に推進していたことなど、知りもしなかったのであろう。

この土井発言を補足するように、昭和六十一年（一九八六年）八月十九日、衆議院内閣委員会で後藤田正晴官房長官（自民党）が、東京裁判について「サンフランシスコ対日平和条約第十一条で国と国との関係において裁判を受諾している事実がある」と述べ、東京裁判の正当性を認めることが政府の統一見解であるとの考えを表明した。

この時期、サンフランシスコ講和会議でも問題とされた講和条約第十一条に「裁判を受諾し」との一節があることから、日本政府は第十一条のゆえに講和成立後も、東京裁判の「判決」中の「判決理由」の部分に示された、いわゆる「東京裁判史観」の正当性を認め続けるべき義務があると、一部学者たちが強硬に主張していた。その主張に、土井氏や後藤田官房長官は安易に飛びついたのだろう。

この主張の論拠の一つが、第十一条の日本文に「裁判を受諾し」とあることである。しかし、日本政府が「受諾」したのは「裁判」ではなく、「判決」であった。それは、日本語と等しく正文とされる英・仏・西語で書かれている条約文を見れば一目瞭然である。日本文の「裁判を受諾し」にあたる部分は、英語では、accepts the judgment（判決を受諾する）、フランス語でも、acceptc les jugements prononcés（言い渡された判決を受諾する）、スペイン語でも、acepta las sentencias（判決を受諾し）となっている。日本が講和条約第十一条において受諾したのが「裁判」ではなく、「判決」である以上、日本は「東京裁判史観」まで受け入れたことにはならないのである。（巻末「付録II」参照）国際法の専門家である佐藤和男教授は国際法学界でのやり取りも踏まえ、次のように指摘する。

《第十一条の規定は、日本政府による「刑の執行の停止」を阻止することを狙ったものに過ぎず、それ以上の何ものでもなかった。日本政府は第十一条の故に講和成立後も、東京裁判の「判決」中の「判決理由」の部分に示されたいわゆる東京裁判史観（日本悪玉史観）の正当性を認め続けるべき義務があるという一部の人々の主張には、まったく根拠がない。

筆者は昭和六十一年八月にソウルで開催された世界的な国際法学会（ＩＬＡ・国際法協会）に出席した際に、各国のすぐれた国際法学者たちとあらためて第十一条の解釈について話し合ったが、アメリカのA・P・ルービン、カナダのE・コラス夫妻（夫人は裁判官）、オーストラリアのD・H・N・ジョンソン、西ドイツのG・レスなど当代一流の国際法学者たちが、いずれも上記のような筆者の第十一条解釈に賛意を表明された。議論し得た限りのすべての外国人学者が、「日本政府は、東京裁判については、連合国に代わり刑を執行する責任を負っただけで、講和成立後も、東京裁判の判決理由によって拘束されるなどということはあり得ない」と語った。これが、世界の国際法学界の常識である。》（『各法領域における戦後改革』pp.100～101.）

独立回復後の日本の政治家たちは、「勝者の裁き」を敢然と拒否することこそが「わが国の完全独立」と「国際親交」につながると信じたが、それは「自己解釈権」を取り戻した独立国家として、極めて当然かつ正当な行動であった。

こうした戦後政治の原点を踏まえ、私たちは、国際法上、敵国の軍事行動の一環であった「東京裁判」の判決にとらわれることなく、歴史の再検証と東京裁判の克服を堂々と世界に訴えていくべきなのである。そうすれば、いわゆる東京裁判史観を日本に強要したいと考えている中・韓両国などは猛然と反発するだろうが、その一方で本書で紹介したように世界の国際法学者や識者たちが、あるいは反東京裁判史観を奉じるインドを始めとするアジアの識者たちが、必ずや私たちの主張を断固支持・支援してくれるに違いない。

■第二次東京裁判の開廷を提唱するセント・ジョン弁護士

事実、東京裁判の見直しを提起する外国の識者も存在する。インドの独立運動の指導者の一人、**ヘランボ・ラル・グプタ**は昭和三十九年（一九六四年）に次のように語った。

《極東国際軍事裁判、即ち東京裁判は、二十一世紀に入れば必ず多くのアジアの国々によって見直されるであろう。そして第二回東京裁判が実現する。その頃はアジアも世界も良識をとりもどし、すべてが公正にして真理の法の前の平等に裁かれる。その時こそ東亜積年の侵略者である欧米列強の英雄達は、こぞって重刑に処せられ、かつて東京裁判で重罪をこうむった日本人、なかんずくA級戦犯の七柱は、一転して全アジアの救世主となり神として祀られる日がくるであろう。またそのようになるべきであろう。》（草開省三『インド独立秘話』p.5.）

このグプタの訴えが届いたわけではないだろうが、第二次東京裁判は意外なところから既に提唱されている。オーストラリアの勅選弁護士で、国際法律家協会の委員などを歴任した**エドワード・セント・ジョン**は、戦後、世界が核の恐怖に脅えなければならなくなった原因の一つは、東京裁判で、原爆を投下したアメリカの責任が追及されなかったことにあるのではないかと考え、その著『Judgment at Hiroshima（邦題『アメリカは有罪だった』）』の中で、次のように問題提起を行なった。

《一九四五年八月六日と九日に、広島、長崎に原爆が投下された際、米国の指導者はもとよりその責任を追及されなかった。だが、法に照らしてみると、広島の大惨事、およびその後全世界の人々の心に植えつけられた核兵器による大虐殺の恐怖に対する責任を米国の指導者に追及する裁判が開かれてしかるべきではなかっただろうか？……

第二次世界大戦中のドイツの戦争犯罪者たちは今もなおドイツ、フランス、オーストラリアなど、各国で裁かれている。それなら、米国の指導者たちも、この史上最大の罪、すなわち人類の未来を脅かしかねない、半世紀を経ても消えることのないこの罪を、むしろ今なお増大する核兵器によって全人類を大量殺戮の危険にさらした罪を、追及されてしかるべきではないだろうか？》

（『アメリカは有罪だった 上』pp.1〜2.）

こう考えたセント・ジョン弁護士は一九九三年に刊行したその著の中で、架空の法廷を設定して自説を展開させた。一九九四年六月二十六日、日本、ニュージーランドをはじめとする十五カ国が広島に国際司法裁判所を開廷し、アメリカ合衆国大統領を一九四五年八月六日からこの日まで「増大する核兵器によって全人類を大量殺戮の危険にさらした」容疑により告訴したという設定のもと、アメリカの戦争責任を次のように追及したのである。

《もしも第二次世界大戦後、すべての国の戦犯を対象とした公平な裁判が開かれていたら、戦時中の連合国の指導者であったスターリン、チャーチル、トルーマンらも等しく裁かれ、有罪を宣告されていたと考えるのは、これらの国の人々にとって不愉快だが有益なことであろう。とりわけポーランド、バルト諸国、フィンランドおよび日本に対するスターリンの侵略行為は否定しようのないものであり、チャーチルは、ドイツ市民に対するたび重なる空からの殺戮行為によって有罪を宣告されていたであろう。また、トルーマンは東京に対する恐怖爆撃、および広島、長崎における原爆投下という非道をきわめていた。》（『アメリカは有罪だった 上』pp.202〜203.）

この、第二の東京裁判とも言うべき架空の法廷において、セント・ジョン弁護士は、検事の口を借りて、米英仏ソという東京裁判を主導した国々が犯した戦後の多くの戦争犯罪を容赦なく糾弾した。そして、広島への原爆投下からちょうど五〇年目の一九九五年八月六日、アメリカ大統領に対して、「増大する核兵器によって全人類を大量殺戮の危険にさらした罪」で、有罪を宣告している。

なぜ戦後、全人類は核兵器の恐怖に脅えなければならなかったのか。アメリカが東京裁判において、原爆投下の罪を免罪にしたばかりか、侵略国日本を懲罰するために原爆は必要だったという悪質なデマを流し、原爆投下を正当化したからだ。とするならば、核軍縮そして全廃へという国際政治の潮流を生み出すためには、東京裁判が不問に付した連合国側の戦争責任を国際法に照らしてもう一度追及すべきではないか。

私たち日本人が戦後独立を回復した後、真っ先に叫ばなければならないことを、このオーストラリアの弁護士はある意味で見事に代弁してくれたのである。連合国の戦犯裁判で殺された一千名余の日本人の名誉回復と、誤った歴史観の払拭のためばかりではない。国際正義の観点から、私たちは東京裁判の全面的な見直しを世界に訴える時を迎えているのである。

付録

【付録Ⅰ】

誤訳としての「侵略」戦争

――アグレッションの訳語には「侵攻」が適当

一　二通りの意味に使われる「侵略」用語

現在の日本では、「侵略」という言葉が異なった二つの意味に用いられていて、しかもそのことに気づかずに両者を混同して使っている人が多いということは、注意しなければならない事実であります。まず初めに普通の日本語としての「侵略」は、どういう意味を持つでしょうか。手もとにある『広辞苑』でその語を引いてみますと、「他国に侵入してその土地や財物を奪いとること」とあります。〝侵入〟を同じ辞典で引いてみますと、「立ち入るべきでない所に、おかし入ること。無理にはいりこむこと」となっています。つまり「侵略」とは、「正当な理由がないのに他国に――力づくで――入り込んで、土地や財物を奪いとること」を意味する言葉であることが、わかります。広辞苑以外の辞典で見ましても、ほとんどすべて同じように説明されています。したがって、日本語として普通に使われる「侵略」の意味は、右のようなものであると理解してよいでしょう。

次に、「侵略」は、国際法の専門用語として使われる場合があります。この場合の「侵略」は、英語のアグレッション（aggression、仏語ではaggression、独語ではAngriff）の訳語として使われることになった言葉です。市販されている条約集には、たいてい「侵略の定義に関する国際連合総会決議」という文書が掲げられていますが、この決議の原文（英文）では、「侵略の定義」というところはDefinition of Aggressionとなっています。また、国際連合憲章の第三十九条は「安全保障理事会が（中略）侵略行為の存在を決定する」（外務省訳）と規定していますが、ここでいう侵略行為の原語はact of aggressionです。以上の例から、わが国では「侵略」がaggressionの訳語として用いられている場合のあることが、おわかりでしょう。

さて、ここで問題になるのは、広辞苑で説明されたような日本語としての「侵略」の意味と、慣用的に侵略と和訳されているアグレッションという外国語の本来の意味とが、まったく同じものなのか、どうなのかということです。以下、この問題を考えてみます。

二　アグレッションの誤訳としての「侵略」

英語を母語としている諸国民によって使われている辞典（英々辞典）を調べてみますと、アグレッションは「挑発を受けないのに行う攻撃」（unprovoked attack）と説明されていることが圧倒的に多いことに気づかされます。辞典・辞書によっては「最初の敵対行為」（any first act of enmity） (first act of hostility)なども述べられています。英米仏独の辞書を見ますと、アグレッション(およびそれに相当する語)はラテン語の aggressio から出た言葉となっており、ラテン・英辞典では aggressio の訳として attack(攻撃)を、ラテン・仏辞典では同じく attaque(攻撃)を挙げていることが注目されます。外国語の単語の意味は、日本語で表わす場合には慎重な配慮が必要なことはいうまでもありませんが、これまで見たところからだけでも、アグレッションの語義の本質は「攻撃」、それも先制的な「先攻」、相手側が不当なことをしていないのに行う「侵攻」であることが理解できると思います。

東京裁判(極東国際軍事裁判所による裁判)のオランダ代表判事であったレーリンク教授は、アグレッションのエッセンスが「第一撃の発射、軍事的敵対行動の開始」であると述べています。

わが国の代表的国際法学者である田岡良一博士(京都大学名誉教授・学士院会員)は、アグレッションとは「自国と平和状態に在る国に向かって、相手方が挑発的行為をしたわけでもないのに、武力的行動をとること」であると述べておられます。アグレッションを「侵略」と和訳することの適否について、田岡博士は「わが国であたかも公定訳であるかのごとく使用されている侵略という語を採用する義務を認めません」と述べ、その理由を大要次のように説明されています。

「邦語として、侵略という熟語は、外国の領土に「侵」入し「略」取するという意味に受け取られ易い。「侵す」は「他国の領土(または他人の所有地)に、正当な権原[title]なくして入りこむ」ことをいい、「略する」は「奪い取る。強奪する」ことをいう、と解するのが、少しでも邦語または漢文の知識をもつ者にとっては、当然のことである。

わが国で人文関係の外国語の訳語として普遍的に用いられている邦語は、不正確なものが多いから、警戒しなければならない。誤訳の生ずる原因は、(a)当該外国語についての知識の不十分さに由ることもあるが、(b)翻訳に用いた日本語に対する知識の不完全さに由ることもある。アグレッションを侵略と訳するのは、(a)(b)両方の原因に由るのではないかと思う。私自身としては、今日まで書いたものの中では、この訳語をなるべく用いないように注意してきた。」

これまで考察したところから、読者の方々は、アグレッションを「侵略」と和訳している現在のわが国の慣行が、不要な混乱を生じさせる危険性を持つものであることを、理解していただけたものと考えます。

三　アグレッションは「侵攻」と訳すのが正しい

そこで、私自身あらためて、アグレッションのもっと適正な訳語がないかと検討してみました。田岡博士はその語の本質を不当な先攻と解されているものの、単一の言葉としての訳語は特には示されておりません。もう十数年も前のことですが、私は国際法上のアグレッションの訳語として「侵攻」を使うのが良いとの結論に達して、爾来一貫してこの訳語を著述や授業や講演で用いてきました。その間、外務省の条約局の方々や学界の仲間に次第に理解者が増えてきたことは、嬉しいことです。

すでに検討しましたように、国際法上のアグレッションの本義は、相手の国が自国に対して何ら不当な行動をとっていないのに、自国が正当化されない動機に基づいて、相手国に攻撃を開始することを意味しています。それは、相手国の正当な権利を侵害するかたちにおいて相手国を攻撃することであり、そこで「侵攻」という訳語が適切であろうと判断されました。後で見ますが、国連総会の一九七四年十二月のアグレッション定義決議では、例えば、自国の軍隊による他国の海軍ないし船隊への攻撃、もしくは他国の港や沿岸の封鎖もアグレッションの典型的形態の一つとして挙げられています。こういう軍事行動は、広辞苑でいう「他国に侵入してその土地や財物を奪いとる」という意味の「侵略」なる言葉で表現することは不適切であると、誰でも理解できるでしょう。具体的な例を想像していただくと、公海上で——公海はどこの国の領域にも属しません——一国の軍艦が他国の船隊を砲撃したような場合、これは国際場裡では act of aggression として論議されることになるわけですが、これを「侵略行為」と邦訳することが適当でしょうか。「侵攻行為」ならば納得されるでしょう。侵略の語は、日本語としての本来の意味においてのみ使用したいものです。

アグレッションを「侵攻」と訳すほうが「侵略」と訳すよりも良い理由を理解いただけましたら、次には戦争について考えましょう。現在、わが国では、過去に日本の行った戦争が自衛戦争であったのか、侵略戦争であったのかをめぐって、喧しく論争されています。

実は、戦争直後のいわゆる東京裁判は、日本が war of aggression を行ったと判決したのですが、この war of aggression（時には aggressive war という表現も使われる）が、わが国では「侵略戦争」と訳されて不要な混乱を招きました。前述の説明を踏まえると、この語は「侵攻戦争」と訳されるべきなのです。しかも、東京裁判の右の判決に対して、日本側の被告や弁護団は、日本は正当な「自衛戦争」を行ったのだと主張しました。東京裁判は、国際法に準拠して判決を下したとの立場をとっていますので、次に、国際法では戦争はどのように取り扱われているかを検討しましょう。

四　戦争の合法性と「決闘の法理」

大学の法学部で毎年国際法の講義を開始するときに、私はよく英国ケンブリッジ大学のオッペンハイム教授が書かれた二巻本の『国際法』を学生諸君に示します。第一巻は平時法、第二巻は戦時法で、どちらも大体千ページという分厚い本ですが、これは世界的に定評のある秀れた標準的解説書です。「戦争はすべて悪」としか教えられてこなかった一部の学生は、なぜ戦時の国際関係を規律する法規が平時のそれと同じくらいの分量をもって説明される必要があるのかと、いぶかります。戦争は犯罪であり、戦争を起こした者は処罰されると、少しだけ平時法の巻末に書き加えたらよいではないか、というわけです。ここに、実は、戦後日本の平和教育なるものの国際法に無知な偏った一面が看取されるのです。

はっきり申しますと、国際法では、伝統的に(これは国際法学でよく使われる言葉です)、戦争は「決闘の法理」というものに基づいて合法的制度として是認されてきたのです。(一九四五年の国際連合憲章の発効以後、多少法的状況が変わりましたが、一九九一年の湾岸戦争が例示するように、現代でも戦争は国際法上合法的に遂行されることが可能なのです。)

近代国際法の発祥地であるヨーロッパでは、紳士や軍人が男の名誉を賭けたり意地を張って相互間で決闘（duel, private duel）を行いましたが、それは社会の法益を保護する警察官と犯罪人との格闘などとは本質的に異なっていて、人格平等な両者についての是非善悪の論断などできないものと考えられました。ところで、一般に国家は国益を追求して内外政策を展開しますが、時には他国との間で利害関係が衝突し、平和的手段によっては満足のゆく解決が得られない場合も生じます。その場合に、国際法は実力行使を通ずる国際紛争の決着を容認せざるを得ず、国家間の争闘を個人間の決闘になぞらえて可能な限りの規制を試みました。避けられない戦争の惨禍を少しでも軽減するために、戦争の人道化の名目のもとに、戦争の手段・方法を規律するルールとしての「交戦法規」が定立されました。

交戦法規（現在では国際人道法の名で呼ばれる場合もある）は、具体的には多数ありますが、最も重要なものとして、(1)一般住民（民間人）ないし非戦闘員を殺傷してはならない（戦ってよいのは、交戦資格を認められた軍隊と軍隊とである）、(2)軍事目標以外の民間物や非防守都市を攻撃・破壊してはならない、(3)不必要な苦痛を与える残虐な兵器を使用してはならない、(4)捕虜を虐待してはならない、などが挙げられます。

日清戦争や日露戦争では、国際法顧問として大学教授が活躍し、日本軍が戦時国際法・交戦法規を厳守した徹底ぶりは、全世界の賞讃するところとなりました。第二次世界大戦中に、連合国側が交戦法規の重大な侵犯を行った事例としては、都市の無差別（軍事目標と民間物とを区別しない）爆撃、広島と長崎への原爆投下、非戦闘員への暴行（特に満州でのソ連軍の暴虐が知られている）、捕虜（戦犯容疑者を含む）の虐待などが挙げられます。

国際法の観点からいいますと、国家は基本権として戦争権を認められてきました。戦争権は、開戦権と交戦権とに大別されますが、前者は「戦争意思」（animus belligerendi）をもって他国に対して戦争宣言（宣戦布告）を行って、一方的に「戦争状態」を創設することができる権利です。事実上戦闘が行われても両国が共に戦争意思を有しない場合には、国際法上の正式な戦争は成立しませんが（例えば、昭和十二年七月以降の支那事変の場合がそうです)、交戦法規は準用されることになります。

交戦権というのは、国際法上の特定状態としての「戦争状態」が出現した場合に、交戦国が、平時ならば禁止されている諸行為を合法的に行うことができる権利であって、具体的には、(1)条約のいかんにかかわらず通商を禁止できる、(2)敵国の居留民および外交使節の行動に制限を加えることができる、(3)自国内の敵国民財産を管理できる、(4)敵国との条約を破棄し、あるいはその履行を停止できる、(5)敵国の兵力を攻撃・殺傷できる、(6)防守地域および軍事目標を攻撃・破壊できる、(7)敵国領土に侵入し、これを占領できる、(8)敵国との海底電線を遮断できる、(9)海上の敵船・敵貨を拿捕・没収できる、(10)敵地を封鎖し、中立国の敵国に対する海上通商を遮断し処罰しうる、(11)海上における中立国の敵に対する人的物的援助を遮断し処罰しうる、などが交戦権の主たる内容とされています。

こうして戦争は永きにわたって国際社会での合法的制度として認められてきました。第二次世界大戦当時の世界の国際法的状況は、基本的にはこのようなものであったことを認識しておくことが大切です。なお、一九〇七年にヘーグ開戦条約が成立する以前には、国家が開戦宣言や最後通牒の通告なしに直ちに敵対行為を開始するのが普通かつ合法でありました。西暦一七〇〇〜一八七〇年の百七十一年間に、ヨーロッパで諸国が開戦の予告を行ったのは十回で、予告なくして敵対行為を開始したのが百七回と記録されています。

五　東京裁判による「不戦条約」の恣意的解釈

戦後のいわゆる東京裁判は、日本の戦時指導者を「平和に対する罪」という個人的犯罪を理由として断罪しました。詳しい専門的説明は省きますが、「平和に対する罪」とは、簡単にいえば、侵攻戦争（war of aggression）を行った罪であるというわけでした。そして「平和に対する罪」なるものは、一九二八年に結ばれたパリ不戦条約（戦争放棄一般条約）によって成立を見たというのが、連合国側の主張でした。しかし、こういう主張は諸国の多くの国際法学者が認めておらず、国際連合国際法委員会も否定しているのが実情です。

不戦条約は、従来「決闘の法理」により共に合法とされていた防衛戦争（自衛戦争）と攻撃戦争（侵攻戦争）とを新たに区別して、実質上目的上「不当な攻撃性」を有する侵攻戦争を違法化しようと試みたものと見られています。現在でも違法化の実効はないと主張している学者（ミネソタ大学のフォン-グラーン教授など）がいますが、侵攻戦争は本条約により違法化された、つまり国際法上の不法行為とされて、侵攻国には損害賠償または原状回復の責任が課せられる、というのが一応の通説です。しかし、不戦条約の音頭取りだったアメリカのケロッグ国務長官は、この条約への参加を諸国がためらうのを見て、「自国が行う戦争が、自衛戦争であるか侵攻戦争であるかは、各国自身が認定すべきものであって、他国や国際機関（裁判所を含む）が決定できるものではない」旨を力説しました。これが自己解釈権（Right of auto-interpretation）といわれるものです。

なお、不法行為と犯罪とは国際法では厳別されるべきものであり、不法行為のうち特に悪質かつ重大で、国際社会の法益（法によって守られている利益）を侵害すること甚だしいものを、あらかじめ条約や慣習国際法の形成を通じて「犯罪」と確定したもののみが、国際法上の犯罪とされるのであり、そういう意味では、「平和に対する罪」なるものは、第二次大戦当時もまた現在でさえも成立していないというのが、多くの有力な国際法学者の見解であって、前記のレーリンク教授（東京裁判判事）も、第二次大戦当時には平和に対する罪なるものは存在しなかったと認めています。

六　国際連合体制と「侵攻」行為

世界平和を維持するために設立された国際連合では、その中心的機関である安全保障理事会が「侵攻行為」の認定を行う権限を与えられています。（もっとも、常任理事国の拒否権が発動されると、認定は不可能になります。）政治的性格の濃厚な安保理がそれを認定するというところに、「侵攻」概念のきわめて政治的な特質が示されているといえましょう。一九七四年十二月十四日に総会が採択した定義決議も、一応「侵攻」の主要形態を列挙しましたが、究極的には安保理の政治的判断が優先されるのであり、厳密な法的概念としての「侵攻」はまだしっかり固まっていないと見るのが公正でしょう。アメリカの著名な国際政治学者であるF・L・シューマン教授は、『国際社会科学辞典』（一九六八年）の中で、「現代では、アグレッションは、通常、敵国による軍事的実力行使にのみ使われる非難を意味する用語である」と述べていますが、この言葉は今日の国際社会でもそのまま妥当するように思われます。

〈資料〉「侵略〔侵攻〕の定義に関する国際連合総会決議」

（解説）左記は一九七四年十二月十四日に採択された決議の主要部分である。外務省訳なので、aggression は「侵略」と和訳されている点に注意されたい。できれば、「侵略」を「侵攻」と読み替えることが望ましい。本決議に法的拘束力はない。

第一条　侵略とは、一国による他国の主権、領土保全若しくは政治的独立に対する、又は国際連合憲章と両立しないその他の方法による武力の行使であって、この定義に定められたものをいう。

（注）この定義において「国家」という語は、(a)承認の問題又は国家が国際連合加盟国であるか否かとは関係なく用いられ、かつ、(b)適当である場合には、「国家群」という概念を含む。

第二条　国家による憲章違反の武力の先制的行使は、侵略行為のいちおうの証拠を構成する。ただし、安全保障理事会は、憲章に従い、侵略行為が行われたとの決定が他の関連状況に照らして正当化されないとの結論を下すことができる。

第三条　次に掲げる行為は、いずれも宣戦布告の有無にかかわりなく、第二条の規定に従うことを条件として、侵略行為とされる。

(a)一国の軍隊による他国の領土に対する侵入若しくは攻撃、一時的なものであってもかかる侵入若しくは攻撃の結果として生じた軍事占領、又は武力の行使による他国の領土の全部若しくは一部の併合

(b)一国の軍隊による他国の領土に対する砲爆撃、又は一国による他国の領土に対する武器の使用

(c)一国の軍隊による他国の港又は沿岸の封鎖

(d)一国の軍隊による他国の陸軍、海軍若しくは空軍又は船隊若しくは航空隊に対する攻撃

(e)受入国との合意に基づきその国の領土内に駐留する軍隊の合意に定められた条件に反する使用、又は合意終了後の右領土内における当該軍隊の駐留の継続

(f)他国の使用に供した国家の領土を、右他国が第三国に対する侵略行為を行うために使用することを許容する当該国家の行為

(g)上記の諸行為に相当する重大性を有する武力行為を他国に対して実行する武装部隊、集団、不正規兵又は傭兵の国家による派遣、若しくは国家のための派遣、又はかかる行為に対する国家の実

質的関与

第四条　前条に列挙された行為は網羅的なものではなく、安全保障理事会は憲章の規定に従いその他の行為が侵略を構成すると決定することができる。

佐藤和男「講座／歴史の中の国際法1」（『近現代史の授業改革1』明治図書出版刊）からの転載

【付録Ⅱ】

日本は東京裁判史観により拘束されない

――サンフランシスコ平和条約十一条の正しい解釈

一　平和条約十一条についての誤解

大東亜戦争の終結直後に連合国占領軍によって強行されたいわゆる東京裁判（極東国際軍事裁判）が、国際法に違反する政治的茶番劇であったということは、近年においてすっかり日本国民の常識として定着した観があります。しかし、その反面、あくまでも東京裁判を肯定して、その判決中に示された日本悪玉史観を奉持し続けたいと考えている人々もいることは事実のようです。そのような人々は、えてして「日本は、サンフランシスコ平和条約十一条の中で東京裁判を受諾しているから、東京裁判史観を尊重する義務がある」と主張する傾向があるように見受けられます。最近では、政府部内にも同じような考え方で東京裁判史観に拘泥する人が若干いることが判明しています。しかし、平和条約十一条を右のように解釈することは、国際法理上、間違っています。その理由を以下に説明します。

まず問題の十一条の規定を次に掲げます。

「日本国は、極東国際軍事裁判所並びに日本国内及び国外の他の連合国戦争犯罪法廷の裁判を受諾し、且つ、日本国で拘禁されている日本国民にこれらの法廷が課した刑を執行するものとする。これらの拘禁されている者を赦免し、減刑し、及び仮出獄させる権限は、各事件について刑を課した一又は二以上の政府の決定及び日本国の勧告に基く場合の外、行使することができない。極東国際軍事裁判所が刑を宣告した者については、この権限は、裁判所に代表者を出した政府の過半数の決定及び日本国の勧告に基く場合の外、行使することができない。」(外務省訳)

右の十一条の全文を読めば、本条の目的が、いわゆるA級およびB・C級戦争犯罪人を裁いた連合国側の軍事法廷が日本人被告に言渡した刑の執行を、日本政府に引受けさせるとともに、赦免・減刑・仮出獄の手続を定める点にあることが、明らかに理解されましょう。

これらの軍事法廷では、被告とされたのは個人で、国家ではなく、はっきりいえば、日本国家は軍事裁判には直接のかかわりを持ちません。その日本国家が連合国に代わって(国内の受刑者の)「刑を執行する」責任を負うなどするためには、「受諾」という行為が必要となるのです。

ところで、十一条の日本文では「裁判を受諾する」となっている点が問題です。サンフランシスコ対連合国平和条約(昭和二十六年九月八日調印、翌二十七年四月二十八日発効)は、日本語のほかに、等しく正文とされる英・仏・西語で書かれていますが、アメリカのダレス国務長官が原案を起草したという歴史的事実にかんがみ、まず英文の十一条から検討してみましょう。初めの部分は次のとおりです。

Japan accepts the judgments of the International Military Tribunal for the Far East and of other Allied War Crimes Courts both within and outside Japan,and will carry out the sentences imposed thereby upon Japanese nationals imprisoned in Japan.

これで見ますと、日本文で「裁判を受諾する」となっている箇所は、英文では accepts the judgments です。英語の judgments は法律用語として使われる場合、日本語の「判決」の意味に用いられるのが普通であり、「裁判」を通常意味する trial, proceedings とは区別されるべきことは、例えば権威ある法律辞典 Black's Law Dictionary の説明からも明白です。そこでは judgment は、The official and authentic decision of a court of justice upon the respective rights and claims of the parties to an action or suit therein litigated and submitted to its determination.（司法裁判所が、同法廷に提起されてその判定を求められている訴えないし訴訟の当事者の、それぞれの権利ならびに請求に関して下す、公式かつ有権的な決定）と説明されています。以上から、英語の本文では、問題の箇所は「判決を受諾する」意味であることが明瞭です。

次に、フランス語正文で同じ箇所を見てみましょう。

Le Japon accepte les jugements prononcés par le Tribunal Militaire International pour l'Extrême-Orient et par les autres tribunaux alliés pour la répression des crimes de guerre, au Japon et hors du Japon,et il appliquera aux ressortissants japonais incarcérés au Japon les condamnations prononcées par lesdits tribunaux.

ここで注目されるのは、日本が、諸軍事法廷により「言渡された判決を受諾する」（accepte les

jugements prononcés par……）と書かれていることです。フランス語では prononcer un jugement と使った場合、「判決」を下す（言渡す、宣告する）の意味であって、この場合 jugement は裁判を意味しません。

最後に、スペイン語正文で同じ箇所を見ることにします。

El Japón acepta las sentencias del Tribunal Militar Internacional del Extremo Oriente y de otros Tribunales Aliados de Crímenes de Guerra,tanto dentro como fuera del Japón, y ejecutará las sentencias pronunciadas por ellos contra nacionales japoneses encarcelados en el Japón.

ここでは、日本は諸軍事法廷の「判決」（las sentencias）を受諾し、それらの法廷により言渡された刑（las sentencias pronunciadas por ellos）を執行すべきものと書かれています。スペイン語の sentencia は、判決、または宣告された刑を意味しますが、裁判を意味する言葉ではありません。

以上、語義論的に説明しましたが、日本が平和条約十一条において受諾したのが「裁判」ではなく、「判決」であることが、おわかりいただけたことと思います。「裁判」と「判決」とでは、条文の意味が随分変わってきます。もともと英語正文の翻訳を基礎に書かれた日本語正文で、なぜ「判決」ではなく「裁判」の語が使われたのか、その理由と背景を探ることはある意味で重要ですが、ここではこれ以上深追いしないことにします。

二　講和条約とアムネスティ条項

国際法においては通常、講和条約（平和条約）の締結・発効によって、戦争が正式に終結するものとされます。つまり、講和の成立（平和条約の効力発生）によって、国際法上の戦争状態が終了するのです。日本の場合、昭和二十年九月二日に米艦ミズリー号上で連合国との間で「降伏文書」（連合国側の命名）の調印を行いましたが、この文書はポツダム宣言の内容を条約化して、日本の条件付終戦――日本政府が無条件降伏したというのは大きな間違いです――を正式に実現したもので、法的には「休戦協定」の性質を持ちます。

連合国占領軍は、日本が戦争終結の条件として受諾した事柄（ポツダム宣言六項～十三項に列記されています）を、日本に履行させるために、およそ七年間駐留して軍事占領行政を実施しますが、サンフランシスコ対連合国平和条約が発効する昭和二十七年四月二十八日までは、国際法的には日本と連合国の間に「戦争状態」が継続しており、いわゆるA級戦犯を裁いた東京裁判と、B・C級戦犯裁判とは、連合国が軍事行動（戦争行為）として遂行したものであることを、よく理解する必要があります。

日本国民の中には、大東亜戦争は昭和二十年八月十五日に終わったと思い込んでいる人が多いのですが、国際法の観点からいえばこれは間違いで、戦闘期間が終わっても軍事占領期間中は「戦争」は継続されていたと見るのが正しく、事実、連合国側は平和条約発効の時まで、戦争行為として軍事占領を行うという意識を堅持して、連合国の目的にかなった日本変造に力を注いだのです。

さて、ここで、アムネスティ条項(amnesty clause)の説明に移ります。前述のごとく戦争を終了させるものは講和ですが、第一次世界大戦以前の時代にあっては、交戦諸国は講和に際して、平和条約の中に「交戦法規違反者の責任を免除する規定」を設けるのが通例でした。これがアムネスティ条項と呼ばれるものですが、アムネスティとは「国際法上の大赦」を意味します。

国際法では伝統的に戦争それ自体は合法的制度とされ、戦争の手段・方法を規律する交戦法規に違反した者だけが戦争犯罪人として、戦時敵に捕えられた場合に裁判にかけられて処罰されました。戦争を計画・遂行した指導者を犯罪人(いわゆるA級戦犯)とする国際法の規則は、厳密には今日でも存在していないと考えられています。(第二次世界大戦後、国際連合憲章の発効とともに、自衛戦争とは反対の侵攻戦争[俗訳・侵略戦争]は、明らかに違法行為とされましたが、重大な違法行為としての犯罪とは正式にはまだされておらず、このことは国際連合国際法委員会においても認められていません。)

アムネスティ条項の説明の実例として、アメリカの国際法学者C・G・フェンウィック博士が自著『国際法』(一九三四年)の中で述べているものを要約しますと、同条項は「戦争中に一方の交戦国の側に立って違法行為をおかしたすべての者に、他方の交戦国が責任の免除を認める」効果を持つものとされます。しかも、講和条約中に明示的規定としてアムネスティ条項が設けられていない場合でも、このような責任免除は講和(戦争終結)に伴う法的効果の一つであることが確認され、アムネスティ(大赦)が国際慣習法上の規則となっていることがわかります(五八二頁)。

国際法史上で有名なアムネスティ条項に、三十年戦争を終結させた一六四八年のウェストファリア平和条約の二条があります。そこでは、戦乱が始まって以来、言葉、記述、暴虐、暴行、敵対行動、毀損、失費のかたちで行われたすべてのものにつき、「交戦諸国相互間で、永久の忘却、大赦ないし免罪があるべきものとする」と規定されています。このような「全面的忘却」(oubli general)――すべてを水に流すこと――の精神に基づくアムネスティ条項は、戦争が燃えたたせた国家間の憎悪の焔を鎮めるために必要とされ、ウェストファリア条約のほかにも、一六七八年のナイメーヘン条約三条、一七一三年のユトレヒト条約二条、一七四八年のエクスラシャペル条約二条、一七六三年のパリ条約二条など多くの講和条約中に見いだされます。

ナポレオン戦争後の一八一四年五月三十日にパリで調印された英仏間の平和友好条約は、十六条で次のように規定しています。「両締約国は、欧州を震動させた不和軋轢を完全な忘却の中に埋没させようと願望して、いかなる個人も、その地位や身分にかかわりなく、(中略)その行為、政治的意見、またはいずれかの締約国への帰属の故をもって、訴追されたり、権利を侵害されたり、あるいは虐待されたりすることがないと、宣言しかつ約束する。」

同様の趣旨の規定は、一八六六年八月二十三日にプラハで調印されたオーストリア‐プロシャ間の平和条約の十条三項、一九一三年十一月十四日にアテネで調印されたギリシア‐トルコ間の平和友好強化条約などに見られます。一九一八年三月三日のドイツ‐ソ連条約の二十三〜二十七条、一九一八年五月七日のドイツ‐ルーマニア条約の三十一〜三十三条は、一般的アムネスティ条項を構成しています。(第二次世界大戦後にも、連合国側が結んだ対ハンガリー平和条約三条、対ブルガリア平和条約三条、対ルーマニア平和条約四条、対フィンランド平和条約七条に、「連合国の側に立って行われた行為」についてのアムネスティ規定が見られます。)

以上のような諸国の慣行を基礎にして、講和の法的効果としてのアムネスティを当然のものと認める国際慣習法の成立が確認されるのです。こうして、第二次大戦以前には、平和条約中にアムネスティ条項が置かれなくても、講和がもたらすアムネスティ効果には変わりがないとの考えが一般的で、戦争犯罪の責任を負う者も、平和条約中に特別の例外規定がない限り、講和成立後に責任を追及されることがないというのが、(第一次大戦後のドイツに関連して一時的に変則的事態が起こりかけたにもかかわらず)国際法学界の通説でありました。

三　平和条約十一条の機能

アムネスティ条項に関する以上の理解を前提とすれば、サンフランシスコ平和条約十一条の機能ないし役割は、おのずから明らかにされましょう。すなわち、十一条が置かれた目的は、この規定がない場合に、講和成立により完全な独立を回復した日本の政府が、国際慣習法に従って、戦犯裁判判決の失効を確認した上で、連合国側が戦犯として拘禁していた人々を――刑死者の場合はいたし方ないが――すべて釈放するかまたは釈放することを要求するだろうと予想して、そのような事態の生起を阻止することにあったのです。長い歴史を持つ国際法上の慣例に反した十一条の規定は、あくまでも自己の正義・合法の立場を独善的に顕示しようと欲した連合国側の根強い感情を反映したものと見られますが、平和条約草案を検討した昭和二十六年九月のサンフランシスコ会議では、連合国の間からも十一条に対し強力な反対論が噴出しました。

要するに、十一条の規定は、日本政府による「刑の執行の停止」を阻止することを狙ったものに過ぎず、それ以上の何ものでもなかったのです。日本政府は十一条の故に講和成立後も、東京裁判の「判決」中の「判決理由」の部分に示されたいわゆる東京裁判史観（日本悪玉史観）の正当性を認め続けるべき義務があるという一部の人々の主張には、まったく根拠がありません。

筆者は昭和六十一年八月にソウルで開催された世界的な国際法学会（ＩＬＡ・国際法協会）に出席して、各国のすぐれた学者たちと十一条の解釈について話し合いましたが、アメリカのＡ・Ｐ・ルービン、カナダのＥ・コラス夫妻（夫人は裁判官）、オーストラリアのＤ・Ｈ・Ｎ・ジョンソン、西ドイツのＧ・レスなど当代一流の国際法学者たちが、いずれも右のような筆者の十一条解釈に賛意を表明されました。議論し得た限りのすべての外国人学者が、「日本政府は、東京裁判については、連合国に代わり刑を執行する責任を負っただけで、講和成立後も、東京裁判の判決理由によって拘束されるなどということはない」と語りました。これが、世界の国際法学界の常識なのです。

外国の学者の中には、裁判官の人的構成が違っていたら、違った判決理由となり得る可能性を強調する人もいました。わが国の民事訴訟法一九九条一項は「確定判決ハ主文ニ包含スルモノニ限リ既判力ヲ有ス」と規定しています。既判力とは、裁判の内容としての具体的判断が以後の訴訟において裁判所や当事者を拘束し、これに反する判断・主張を許さない効力をいいます。右規定は文明諸国の「法の一般原則」を表していますが、この原則を重視する国際法学者もいたのです。もちろん、戦犯裁判なるものは普通の司法裁判とは異なり、本質的に国家の戦争行為（軍事行動）の具現であり、アメリカに即していえば、大統領により行使が決定される行政権（戦争遂行権）の延長戦上にあるものと考えられ、司法裁判と同じレベルでの議論は適当ではないのですが、判決文中の判決理由は既判力を持ち得ないとの原則の一種の類推適用は妥当でありましょう。

外国には「裁判官は判決理由を説明する義務を有しない」（Judices non tenentur exprimere

causam sententiae suae）という法諺すらあって、判決理由がさまざまであり得る可能性を認めて、重要なのは事件の決着であり、刑事裁判でいえば、刑の宣告が緊要であって、判決主文中に宣告された刑の執行により一件落着をはかることが急務であるとの考え方を含蓄しています。

対連合国平和条約の発効により国際法上の戦争状態を終結させて完全な独立を回復した日本の政府は、東京裁判の判決理由中に示された歴史観ないし歴史的事実認定——歴史の偽造（パール博士の言葉）として悪名が高い——を盲目的に受けいれる義務を負わず、いかなる批判や再評価をもその裁判や判決理由に下すことが自由であり、この自由こそが、講和を通じ代償を払って獲得した国家の「独立」の実質的意味なのです。

戦後すでに四十余年（平成七年では、五十年）を経て、学界の研究成果は、東京裁判の判決理由中に示された史実とは異なる多くの真実（例えば、日本側共同謀議説の虚構性、判事・検事の立場にあったソ連こそ中立条約を侵犯した文字通りの侵略国であった事実など）を明らかにしています。戦前、戦中、日本国家の対外行動の中には政治的に賢明でないものがあったかも知れません。しかし、それをただちに実定国際法上の犯罪と誣《し》いることは許されません。近年わが国ではいわゆる〝冤罪〟事件について再審が行われ、あらためて無罪の判決が下される事例も少なくありませんが、上訴・再審の機会も与えられなかった復讐劇兼似而非《エセ》裁判である東京裁判について、日本国民みずからの手で主体的再審を行って、日本民族にとり歴史の真実とは何であったかを、先人ならびに児孫のために、明らかにしようではありませんか。

佐藤和男著『憲法九条・侵略戦争・東京裁判』（原書房、再訂版）より転載

【参考文献一覧】（著者名下の括弧［　］内は日本人以外の国籍の略。発行年は元号に統一した。）

＊東京裁判・国際法

『東京裁判却下未提出辨護側資料』全八巻、東京裁判資料刊行会編、平8、国書刊行会

『東京裁判　日本の弁明』小堀桂一郎編、平7、講談社学術文庫

『勝者の裁き―戦争裁判・戦争責任とは何か』リチャード・H・マイニア［米］、安藤仁介訳、昭47、福村出版

「国際法と極東国際軍事裁判所」佐藤和男、青山学院大学総合研究所・法学研究センター研究叢書第2号『各法領域における戦後改革』、平5

「国際法と東京裁判」佐藤和男、『青山法学論集』第37巻第2号、平7

『憲法九条・侵略戦争・東京裁判』佐藤和男、昭63、原書房

『国際法と日本』佐藤和男、平4、神社本庁研修ブックレット四

『東京裁判の正体』菅原裕、昭36、時事通信社

『戦争犯罪裁判関係法令集』第I巻、法務大臣官房司法法制調査部、昭38

『共同研究　パル判決書』（上）（下）東京裁判研究会編、昭59、講談社学術文庫

『パール博士の日本無罪論』田中正明、昭和38、慧文社

『パール博士のことば』田中正明、平6、財団法人下中記念財団

『戦犯裁判の錯誤』ハンキー卿［英］、長谷川才次訳、昭和27、時事通信社

『東京裁判論』粟屋憲太郎、平元、大月書店

『東京裁判』（上）（下）朝日新聞東京裁判記者団、平7、朝日文庫

『東京裁判とは何か』田中正明、昭58、日本工業新聞社

『私の見た東京裁判』（上）（下）冨士信夫、昭和63、講談社学術文庫

『東京裁判』（上）（下）児島　襄、昭46、中公新書

『秘録東京裁判』清瀬一郎、昭61、中公文庫

『国際シンポジウム 東京裁判を問う』細谷千博、安藤仁介、大沼保昭編、平元、講談社学術文庫
『太平洋戦争原因論』日本外交学会編、昭28、新聞月鑑社
『大東亜戦争の総括』歴史・検討委員会編、平7、展転社
『日本は侵略国家ではない』勝田吉太郎編、平5、善本社
『現代戦争法規論』足立純夫、昭和54、啓正社
『将軍の裁判—マッカーサーの復讐』ローレンス・テイラー〔米〕、武内孝夫・月守晋訳、昭57、立風書房
『戦争裁判処刑者一千』別冊歴史読本・特別増刊戦記シリーズNo.23、平5、新人物往来社
『戦争犯罪』大谷敬二郎、昭50、新人物往来社
『靖国論集—日本の鎮魂の伝統のために』江藤淳・小堀桂一郎編、昭61、日本教文社
「いま〝戦争裁判〟に何を学ぶか」セオドール・マックネリ〔米〕、山本礼子訳、『正論』平成元年九月号

＊占領

『さらば吉田茂—虚構なき戦後政治史』片岡鉄哉、平4、文藝春秋
『日本占領外交の回想』ウィリアム・シーボルド〔米〕、野末賢三訳、昭41、朝日新聞社
『戦後教育改革通史』明星大学戦後教育史研究センター編、平5、明星大学出版部
『現代のエスプリ 占領下の教育改革』高橋史朗編、昭59、至文堂
『検証・戦後教育』高橋史朗、平7、広池学園出版部
『占領』ジョン・トーランド〔米〕、牛島秀彦訳、平元、光人社
『日本占領』(1)～(4) 児島 襄、昭62、文春文庫
『米国の日本占領政策』(上)(下)、五百旗真、昭60、中央公論社
『占領後遺症の克服—祖国の真の独立のために』小田村四郎、平7、社団法人国民文化研究会
『アメリカの影 戦後再見』加藤典洋、平7、講談社学術文庫
『落葉の掃き寄せ／一九四六年憲法—その拘束』江藤淳、昭和63、文藝春秋

『日米戦争は終わっていない』江藤淳、昭61、ネスコ
『GHQ』竹前栄治、昭58、岩波新書
『GHQ日本占領史　第1巻　GHQ日本占領史序説』、平8、日本図書センター

＊歴史・その他

『20世紀の日本人　アメリカ黒人の日本人観1900-1945』レジナルド・カーニー［米］、山本伸訳、平7、五月書房
『ポツダム会談』チャールズ・ミー［米］、大前正臣訳、昭50、徳間書店
『オレンジ計画』エドワード・ミラー［米］、沢田博訳、平6、新潮社
『アメリカの反省―アメリカ人の鏡としての日本』ヘレン・ミアズ［米］、原百代訳、昭28、文藝春秋新社
『操られたルーズベルト』馬野周二、平3、プレジデント社
『追悼・感謝・友好　アジア共生の祭典』終戦五十周年国民委員会編、平7
『自由と独立への道――証言でつづるアジア現代史』終戦五十周年国民委員会編、平7、終戦五十周年国民委員会
『人種偏見』ジョン・W・ダワー［米］、斎藤元一訳、昭62、TBSブリタニカ
『リンドバーグ第二次大戦日記（下）』チャールズ・A・リンドバーグ［米］、新庄哲夫訳、昭49、新潮社
『世界から見た大東亜戦争』名越二荒之助編、平3、展転社
『マレー捕虜記』本田忠尚、平元、図書出版社
『帝国陸軍の本質』三根生久大、平7、講談社
「ヤルタ―『密約』の内幕」ハミルトン・フイッシュ［米］、『諸君！』平成3年6月号
『悪魔の思想　「進歩的文化人」という名の国賊12人』谷沢永一、平8、クレスト社
『日米・開戦の悲劇―誰が第二次大戦を招いたのか』ハミルトン・フイッシュ［米］、岡崎久彦訳、平4、PHP文庫
『原爆投下決断の内幕』（上）（下）ガー・アルペロビッツ［米］、鈴木俊彦・岩本正恵・米山裕子訳、平7、ほるぷ出版
『アメリカは有罪だった』（上）（下）エドワード・セント・ジョン［濠］、高城恭子・早川麻百合・前田啓子訳、平

7、朝日新聞社
『原爆神話の五〇年』斎藤道雄、平7、中公新書
「パールハーバーを忘れるな」ジョージ・フリードマン［米］、『ボイス』平成3年12月号
『ザ・カミング・ウォー・ウィズ・ジャパン』ジョージ・フリードマン／メレディス・ルバード［米］、古賀林幸訳、平3、徳間書店
『サン・フランシスコ会議議事録』外務省編、昭32
『「戦後」への挑戦』末次一郎、昭56、オール出版
『新版 日本外交史辞典』外務省外交資料館日本外交史辞典編纂委員会、平4、山川出版社
『日本』平成7年11月号、12月号、日本学協会
『思想』No.719、昭59、岩波書店
『祖國と青年』平成6年1月号、平成7年3月号、平成7年9月号、日本青年協議会
『朝日新聞』昭和20年8月9日付、昭和20年8月11日付、平成7年2月8日付
『読売新聞』平成3年11月24日付
『毎日新聞』平成3年12月7日付
『産経新聞』昭和63年11月2日付
『東京新聞』昭和58年6月1日付夕刊
『官報・号外』昭和27年12月9日、昭和28年8月3日
『第16回国会衆議院厚生委員会議録』第二十三号（昭和二十八年七月二十二日）

＊外国語［今回、本書のため改めて一部邦訳した。足羽雄郎訳］
The Tokyo Trial and Beyond, B.V.A.Röling［蘭］、1993
Law Among Nations, Gerhard von Glahn［米］、1981
International Aggression, Ahmed M. Rifaat［エジプト］

あとがき

■終戦五十周年国民委員会の五大事業

大東亜戦争終結五十年を翌年に控えた平成六年、終戦五十周年国民委員会（加瀬俊一会長）は、各界各層の人々の多大なご賛同を得て設立された。以後、平成八年三月の解散までの約二年間、今日の平和と繁栄の礎となられた先の大戦の戦歿者に対して追悼と感謝の誠を捧げるため、また我が国の進路に暗い影を投げかけてきた、所謂「東京裁判史観」の克服を目指して、次のような事業に取り組んできた。

一、「アジア共生の祭典」の開催

大東亜戦争とアジアの独立のために尊い命を捧げられた全アジアの戦歿者を追悼し、また、戦後のアジア各国の興隆・発展に尽くされた人々に感謝を捧げ、同時にアジア各国と我が国との一層の友好を図るため、平成七年五月二十九日に日本武道館で「追悼・感謝・友好――アジア共生の祭典」を開催した。祭典には、タナット・コーマン元副首相（タイ）、サイデマン上級大使（インドネシア）、H・アラタス教授（マレーシア）を始めとする十三を数えるアジアの国と地域の代表をお招きし、国内からも一万名が参加した。また、全国各地でも、戦歿者を追悼し、アジア共生を願う終戦五十周年の記念行事が盛大に開催された。

二、戦争謝罪の国会決議に反対する請願署名五百六万三千六百四十七名細川・羽田・村山と三代続いた連立政権は、終戦五十年を機に、先の戦争を侵略戦争であったとする「謝罪・不戦の国会決議」を行なうことを公約。これに対し、当委員会では、決議反対の国会請願署名活動を全国的に展開した。この活動は遠く海外にも広がり、平成七年五月八日の集計で実に五百六万三千六百四十七名もの国会請願署名を集めた。この動きを受け、衆参二百八十五名が国会請願議員を承諾。さらに自民党に「終戦五十周年国会議員連盟」(奥野誠亮会長)、新進党に「正しい歴史を伝える国会議員連盟」(小沢辰男会長)がそれぞれ結成され、以後、両議連との連携により決議反対運動は大きく伸展した。このため、六月九日、衆議院で決議が強行されたものの、新進党議員は全員欠席、自民党からも大量欠席が出て、全く権威のない「戦後五十年決議」となった。しかも、参議院での決議は阻止することができた。

三、二十五県で戦歿者に追悼と感謝の意を捧げる地方議会決議

二百十三万柱を越える戦歿者の尊い献身によって今日の日本の繁栄と平和が築かれたことに対し、心からなる追悼と感謝を捧げ、あわせて恒久平和の建設を誓う地方議会決議が、平成六年十月の滋賀県を皮切りに、平成七年七月までに全国の二十五県で議決された。特に、全国の先駆けとなって取り組んだ愛媛県では、朝日新聞の「決議」反対キャンペーンや反対派の妨害によって全国から注目されることになったが、平成六年十二月議会で見事に議決され、これをきっかけに決議は全国に波及していった。この地方決議により、侵略戦争史観とは異なる「もう一つの歴史観」が存在することが印象づけられ、国会決議にも大きな影響を与えることになった。

四、終戦五十周年特別企画映画の製作並びに各種記念事業の実施

東南アジア及びミャンマー、インドに現地ロケを行ない、アジアの人々から見た「大東亜戦争」

に光をあてたドキュメンタリー映画『独立アジアの光』『自由アジアの栄光』の二本を製作、全国上映活動を展開し、各界で多大な反響を呼んだ。

出版物としては、大東亜戦争についてのアジアの識者の声を集めた『アジア共生の祭典』や、記念映画の解説書『自由と独立への道』等のパンフレットのほか、活動報告集として『アジア共生の祭典報告集』や『終戦五十周年国民運動報告集』等を刊行した。また、名古屋に『アジア共生の碑』といったモニュメントも建立された。

五、世界の識者による〈東京裁判〉批判をまとめ、広く東京裁判の違法性を啓蒙する。

東京裁判が国際法に照らして違法であったことは、いまや国際法学界でも定説になっている。これを国の内外に広く認知させるために、世界の有識者の〈東京裁判〉批判を集大成して、一冊の本にまとめた。それが本書である。

■国際法を踏まえた本格的な〈東京裁判〉批判

本書は当初、外国人識者の〈東京裁判〉批判論を紹介する簡単なパンフレットを予定していた。ところが、本委員会の副会長をお引き受け頂いた青山学院大学の佐藤和男教授から多数の貴重な外国文献を提供して頂いた上に、編集中の平成七年二月と四月に、東京裁判資料刊行会の手によって『東京裁判却下未提出辨護側資料』全八巻という労作が刊行された。このため、編集会議の中で、「これらの文献もきちんと踏まえた方がよい」「発刊する以上、世界の国際法学者から見ても十分通用するものとしたい」という意見が出された。

そこで、足羽雄郎氏のご協力を得て外国文献の邦訳を進める一方、国立国会図書館などで東京裁判及び占領政策に関する書籍に徹底して当たり文献発掘に努めた。この作業の中で、意外なほど多くの外国人識者が国際法擁護の立場から東京裁判を批判し、世界的な視野に立って「連合国の戦争責任」を追及している一方で、日本人研究者の多くが東京裁判を肯定し、日本の戦争責任だけを追及するという極めて自閉的な姿勢に終始していることを知った。

これら多くの〈東京裁判〉批判論をまとめるにあたって常に念頭にあったのは、「何のため東京裁判を批判するのか」ということであった。編集当初は、「大東亜戦争を侵略戦争と断定した東京裁判を批判することを通じて、我が国を覆う東京裁判史観を払拭したい」と考え、「戦犯という汚名を着せられた一千余名の同胞たちの名誉回復を図りたい」という願いを抱いていた。しかし、編集を進めていくにつれて、「東京裁判によって貶められた国際法の権威を取り戻すためにも東京裁判は批判されなければならない」という思いもまた、強くなっていった。

ところで、佐藤教授には監修に際して、翻訳本の引用文については原典に当たって確認の上、より正確な邦訳に努められ、国際法の観点からも厳密な検討を加えていただいた。例えば、「アグレッション」は我が国では「侵略」と一般的に訳されているが、原語のもつ国際法的な意味に鑑みて「侵攻」と訳した。また、かつて作家の江藤淳氏が「ポツダム宣言」受諾に伴う我が国の国際的地位について「日本は無条件降伏をしていない」と指摘し、いわゆる「無条件降伏」説に異議を唱えられたが、この問題についても国際法の観点から検討を重ね、最終的に「条件付終戦」と表現することで落ち着いた。更に、パリ不戦条約の効果、ポツダム宣言及び降伏文書に基づく占領軍の権限、占領下の日本の権利などについても改めて検討を重ねた。

かくして国際法の観点を踏まえた、戦後初めての外国人識者による〈東京裁判〉批判論の集大成が出来上がった。これもひとえに我が国を代表する国際法学者である佐藤教授のご指導のおかげである。まず何よりも、貴重な時間を割いて下さった佐藤教授に、この場をお借りして厚く御礼申し上げる次第である。

■東京裁判批判という国際正義を日本は掲げよ

欧米諸国には、東京裁判を批判し、或いは連合国の戦争責任を追及する識者が意外なほど多い。また、パール判事の出身国インドでも東京裁判研究は盛んである。〈東京裁判〉批判論は日本でしか通用しないというのは勝手な思い込みに過ぎない。これら世界の学者との交流を深めていけば、〈東京裁判〉批判は国際的な広がりと支持を得ることができると思われる。東京裁判という国際軍事法廷において我が国が貼られた「侵略国家」というレッテルを、世界の学者との交流を通じて国際的に跳ね返したい——そういう願いもこめて本書のタイトルを「世界がさばく東京裁判」とした。

連合国側がなぜ東京裁判を行なおうとしたのか。結論から言えば、敵国の哲学（民族精神）を粉砕し、連合国の意のままになるように〝精神的〟国家改造を行なうことが占領政策の目的であり、東京裁判はその目的達成の手段の一つであった。国際正義に基づいた「国際裁判」と称したが、その実態は連合国による〝武器なき〟軍事作戦の一環であった。連合国は停戦後も、東京裁判という軍事作戦を行ない、日本人の民族精神を抹殺しようとしたのである。勿論、こうした政策が国際法上許されるはずもない。そこで連合国側は、日本政府が「ポツダム宣言」を受諾し、〝条件付終戦〟に応じたのにも拘わらず、「無条件降伏したのだから日本は連合国の政策を受け入れよ」と虚偽の政治宣伝を行ない、自らの行動を正当化したのである。その意味で、東京裁判を克服するためには、「日本は無条件降伏をした」という連合国側の悪質な宣伝を批判するところから始めるべきであろう。

さて、世界の識者の〈東京裁判〉批判のポイントは大別して二つある。

一つは、極東国際軍事裁判所は日本だけを裁き、連合国側の戦争犯罪を不問に付したという意味で、不公平な裁判所であったということである。このため、戦争責任はあたかも日本だけが追及されるべきものだという先入観が日本のみならず世界中に植え付けられてしまった。しかし、これはよくよく考えれば奇妙な話である。連合国側も原爆投下や都市無差別爆撃といった国際法の違反行為をしているし、そもそも欧米諸国がアジア諸国を次々と支配し、排他的な経済ブロックを形成しなければ、日本は戦争に訴えてまで資源を確保しなくともよかった。戦争責任は、連合国側にも求められるべきであったのである。

批判のもう一つのポイントは、東京裁判は実定国際法に反していたということである。裁判が成立するためには法律が必要であり、東京裁判の場合、その法律にあたるものは連合国の委任を受けてマッカーサー司令官が制定した「極東国際軍事裁判所条例」であった。この「条例」は、不戦条約を曲解することで事後に新しい罪をでっち上げ、国際法上なじみのない理論を導入するなど実定国際法に大きく反したものであった。東京裁判は、連合国による許しがたい不法行為であったのである。

このことは、日本の加害責任なるものを論《あげつら》う人々さえも実は認めている。ところが、それらの人々は「国際法上問題があったにせよ、世界平和を確立するためには日本の戦争犯罪を厳しく断罪することがどうしても必要だった」と連合国の言い分をそのまま繰り返し、「東京裁判はその後の国際平和探求の観点から見れば意義あるものであった」として、尤《もつと》もらしい〈東京裁判〉肯定論を展開している。

しかし、東京裁判は結局のところ「敗者は戦争犯罪人として処刑され、戦勝国側の戦争犯罪は免罪される」という悪例を残したに過ぎず、国際法を退歩させただけであった。国際法の漸進的発達による世界平和を願うならば、私たちはむしろ〈東京裁判〉を積極的に批判するべきなのである。

敵国によって「戦争犯罪人」という不当な烙印を押されたわが国の人々の名誉回復を図ろうとすると、往々にして「過去の反省が不足している」などと非難されがちだ。しかし、ひるむことはない。「戦犯」の名誉回復は、東京裁判によって損なわれた国際法の権威の回復でもある。世界平和を願い、国際法を擁護するからこそ、私たちは「戦犯」の名誉回復に立ち上がるべきなのである。

実は、講和独立直後の我が国の政治家たちはそう考えていた。現在、「我が国は、東京裁判を受け入れることで国際社会に復帰した」というマスコミの宣伝を信じ込んでしまっている人が多いが、当時の国会論議などを丁寧に追っていくと、意外なことに社会党代議士でさえ東京裁判を敢然と批判している。勝者の裁きを否定し、「戦犯」の名誉回復を図り、連合国によって奪われた「歴史解釈権」を晴れて取り戻した「完全な独立国家」として国際親交に努めたい――これも紛れもなく戦後政治の原点の一つであった。昭和の戦後史もまた大幅に書き換えられなければなるまい。

東京裁判開廷五十周年、戦後五十一年目にあたる意義深い年に刊行した本書が、〈東京裁判〉克服のためのささやかな機縁となるならば、これに勝る幸せはない。

終戦五十周年国民委員会

世界がさばく東京裁判

平成17年8月15日　改訂版第1刷発行
平成25年8月28日　改訂版第7刷発行
監　修 ―― 佐藤和男
構　成 ―― 江崎道朗
企　画 ―― 日本会議
〒153-0042 東京都目黒区青葉台3-10-1-601
TEL. 03(3476)5689　FAX. 03(3476)5612
http://www.nipponkaigi.org
発行人 ―― 小田村四郎
発　行 ―― 株式会社 明成社
〒154-0001 東京都世田谷区池尻3-21-29-302
TEL. 03(3412)2871　FAX. 03(5431)0759
http://www.meiseisha.com
印刷・製本 ― モリモト印刷株式会社
乱丁・落丁は送料負担にてお取り替え致します。
定価はカバーに表示してあります。
ISBN4-944219-36-9 C0031